CATARATA

Deusto
Centro de Ética Aplicada
Etika Aplikatuko Zentroa

IZASKUN SÁEZ DE LA FUENTE ALDAMA

Profesora e investigadora del Centro de Ética Aplicada de la Universidad de Deusto. Se doctoró en Ciencias Políticas y Sociología (especialidad Ciencias Políticas) en la Universidad del País Vasco en 2001, con la tesis *El Movimiento de Liberación Nacional Vasco, una religión de sustitución* (2002). En la línea de investigación sobre conflictos y culturas de paz, estudia los procesos sociales, políticos y culturales asociados a la violencia de motivación política en Euskadi, en los que, con una clara motivación ético-política, otorga un lugar central a las víctimas. Participa desde sus inicios en 2018 en la Comunidad de Aprendizaje sobre Memoria, Educación Histórica y Construcción de Paz en Euskadi. Anteriormente, dirigió el proyecto interdisciplinar "Memoria, ética y justicia: la extorsión y la violencia de ETA contra el mundo empresarial (2012-2016)", que obtuvo el accésit del Premio UD-Banco Santander de Investigación (2017) y que ha conseguido colocar en la agenda pública una dimensión de la violencia de ETA que había resultado especialmente invisibilizada.
Research ID: Web of Knowledge: R-1052-2018/ orcid.org/0000-0001-9099-2653.

ÁNGELA BERMÚDEZ VÉLEZ

Investigadora principal del Centro de Ética Aplicada de la Universidad de Deusto. Dirige la línea de investigación sobre Conflictos y Culturas de Paz y la Comunidad de Aprendizaje sobre Memoria, Educación Histórica y Construcción de Paz en Euskadi. Su propia investigación indaga sobre cómo la educación histórica formal e informal promueve o impide una comprensión crítica de la violencia política y la construcción de paz. Se doctoró en Educación en la Universidad de Harvard en 2008, donde estudió la participación de los jóvenes en la discusión de controversias sociales y políticas. Antes, trabajó en Colombia, de donde es originaria, diseñando currículos y recursos didácticos, formando a maestros, enseñando a jóvenes e investigando en torno a la educación histórica, democrática y ética. Ha sido consultora del Ministerio de Educación Nacional de Colombia, la Secretaría de Educación de Bogotá, la Organización de los Estados Americanos (OEA), la Organización de Estados Iberoamericanos (OEI) y el Instituto Colombiano para el Fomento de la Educación Superior (ICFES). Ha sido docente, entre otras, en la Universidad de Deusto (Bilbao), Northeastern University (Boston), Harvard University (Cambridge), Universidad Javeriana (Bogotá) y la Facultad Latinoamericana de Ciencias Sociales (FLACSO, Buenos Aires).
Research ID: Web of Knowledge: H-1290-2011/ orcid.org/0000-0002-5269-6420.

Izaskun Sáez de la Fuente Aldama
y Ángela Bermúdez Vélez

No en mi nombre

LA OPOSICIÓN DE GESTO POR LA PAZ A LA VIOLENCIA

Izaskun Sáez de la Fuente Aldama y Ángela Bermúdez
(editoras de la colección)

COLECCIÓN MEMORIA E HISTORIA DEL CONFLICTO
Y LA VIOLENCIA EN EUSKADI

ESTA COLECCIÓN SE PRODUCE CON EL APOYO DE UN CONVENIO ENTRE EL GOBIERNO VASCO Y LA UNIVERSIDAD DE DEUSTO PARA EL DESARROLLO DEL PLAN DE CONVIVENCIA, DERECHOS HUMANOS Y DIVERSIDAD (2021-2024).

DISEÑO DE CUBIERTA: MIKEL LAS HERAS

FUENCARRAL, 70
28004 MADRID
TEL. 91 532 20 77
WWW.CATARATA.ORG

NO EN MI NOMBRE.
LA OPOSICIÓN DE GESTO POR LA PAZ A LA VIOLENCIA

ISBN: 978-84-1067-304-5
DEPÓSITO LEGAL: M-9.891-2025
THEMA: JPWL/JBKF/JPWS

IMPRESO POR ARTES GRÁFICAS COYVE

ÍNDICE

SOBRE LA COLECCIÓN

Una década después del alto el fuego definitivo de Euskadi Ta Askatasuna (ETA), las personas jóvenes en Euskadi —la primera generación que no ha sufrido en carne propia la violencia— manifiestan tener pocos espacios seguros en los que preguntar, conversar y discutir sobre el tema.

La presente colección editorial busca promover en las nuevas generaciones una comprensión crítica de la historia de conflicto y violencia vivida en Euskadi en las últimas décadas. Está dirigida, principalmente, a las personas jóvenes, a los ciudadanos y ciudadanas de a pie que se interesan por estas cuestiones, pero también al profesorado en ejercicio o en formación y a las personas que, desde distintas organizaciones públicas y privadas, quieren fomentar el respeto de los derechos humanos y el cultivo de la paz y de la convivencia.

Este es un proyecto de la Comunidad de Aprendizaje sobre Memoria, Educación Histórica y Construcción de Paz en Euskadi, una iniciativa del Centro de Ética Aplicada de la Universidad de Deusto que, desde sus inicios en 2018, ofrece un espacio de diálogo y reflexión interdisciplinar e intergeneracional sobre el pasado violento de Euskadi. En su primera fase de trabajo (2019-2021), la Comunidad se dedicó a explorar, con jóvenes de distintos perfiles ideológicos, las preguntas y reflexiones que ellas y ellos se hacen acerca de la violencia de motivación política vivida. De manera recurrente manifestaron que les surgen preguntas que no tienen dónde plantear y que se hacen reflexiones que no pueden contrastar con otras personas. Sienten el peso de un "silencio heredado y autoimpuesto" en la familia, las cuadrillas, la escuela y la comunidad.

A la persistencia de este silencio ha contribuido la idea de que, para promover la paz y la convivencia, lo mejor es pasar página, olvidarse del pasado y mirar solo hacia el futuro. Pero no se puede construir el futuro de espaldas al pasado. Por ello, en su actual fase de trabajo, la Comunidad de Aprendizaje ha reunido a un grupo de historiadores expertos en la temática, filósofos y científicos sociales expertos en el análisis ético de la violencia y pedagogos expertos en educación histórica, para colaborar en la producción de esta colección.

Cada uno de los libros de la colección profundizará en una cuestión histórica o ética que hemos identificado como especialmente relevante para interrogar críticamente los relatos que las personas jóvenes tienen sobre la historia del conflicto vasco y de la violencia. Se trata de una estrategia pedagógica narrativa que, siguiendo la senda de Penélope, propone destejer con cuidado y volver a tejer con conciencia la memoria social de un pasado sangrante y doloroso. En ella, la visibilización y la exploración crítica de los mitos, los sesgos y las sobresimplificaciones que sirven para justificar la violencia marcan el punto de partida de una doble dinámica de *historización de la memoria* y de *memorialización de la historia*. Con ella se busca mejorar la comprensión que las personas tienen de la complejidad de los fenómenos históricos, encarnar el pasado en la experiencia de las víctimas y, así, activar el potencial de la historia para desnormalizar y deslegitimar la violencia.

INTRODUCCIÓN

Lo importante y realmente valioso es que esa generación produjera en su seno un grupo suficiente de personas que fue capaz no sólo de responder a la poesía de la paz, sino de acrecentarla con la composición de un poema lleno de sentido y de posibilidades para la convivencia. La soledad que pudimos sentir en muchos momentos quedaría ampliamente compensada si esa gran parte de la sociedad que nunca se movilizó contra el terror viera, en el edificio de hoy, aquella tímida ventana que, un día, abrimos un puñado de personas para hacer posible que corriera el aire de la libertad en un mundo asfixiado por la intimidación, si hubiera acabado por hacer suya alguna de nuestras metáforas para la paz y, sobre todo, si esa comprensión pasara a formar parte de lo mucho que aún hoy queda por hacer. [...] Las personas que empleaban y apoyaban la utilización de la máxima de las injusticias como herramienta política comparten hoy, con toda naturalidad, el patio de butacas desde el que contemplamos nuestro pasado más sensible [...] Sólo el reconocimiento de que todo pudo haber sido de otra manera y de que ninguna muerte era necesaria les puede liberar de ese espectro que proyectan y que se alarga desde la última hasta la primera víctima. No va a resultar fácil, puesto que están acostumbrados a esclavizarse por sus ideas. Esperemos que no deseen permanecer, también, esclavos de su historia (Gómez Moral, 2013: 8).

Durante casi cinco décadas, ETA optó por el uso de la violencia y, por tanto, por la "máxima de las injusticias" para conseguir sus objetivos políticos. Mientras, durante casi tres décadas, diferentes organizaciones sociales se movilizaron en las calles para protestar contra el uso de la violencia, así como para defender, de distintos modos, la dignidad y los derechos humanos de todas las personas y el diálogo democrático como vía privilegiada de gestión de los conflictos sociales y políticos. Lo hicieron con mucha menos visibilidad y enfrentándose a la indiferencia, cuando no a la oposición, e incluso al acoso de algunos sectores de la sociedad y de la clase política.

Existieron distintos grupos, con diversos planteamientos ideológicos y unos más estables que otros en función de la coyuntura política, desde Artesanos por la Paz y el colectivo Itaka —que fueron el embrión de Gesto por la Paz de Euskal Herria— y Denon Artean hasta Elkarri y los grupos que surgieron tras el secuestro y asesinato de Miguel Ángel Blanco como Foro de Ermua y Basta Ya. Este libro se centra en las contribuciones teóricas y prácticas de Gesto por la Paz a la desnormalización y a la deslegitimación de la violencia, tanto en el plano de las ideas y de la cultura política como de sus estrategias de movilización.

Desde sus orígenes, Gesto tomó la decisión de movilizarse en las calles de los pueblos y ciudades de Euskadi y Navarra, en silencio, durante 15 minutos, tras cualquier muerte que la violencia de motivación política provocaba. Su continua labor de concienciación cívica se reforzó mediante documentos de reflexión, artículos de opinión en prensa y en su propia revista (*Bake Hitzak-Palabras de paz*), comunicados, ruedas de prensa, etc. Gesto es el grupo más longevo, pues emergió a mediados de los ochenta y se mantuvo hasta dos años después de que ETA declarase el alto el fuego definitivo (2013). En sus casi tres décadas de existencia, la organización y sus miembros experimentaron un proceso de maduración y de autocrítica que hoy nos permite comprender la profundidad ética de su discurso y de su práctica de oposición a la violencia. Su legado trasciende los objetivos que ellos se marcaron —acabar con ETA mediante la movilización ciudadana—, porque acuñaron un conjunto de conceptos que son contribuciones muy significativas para la cultura política democrática, y que ya forman parte del patrimonio común, sin que la sociedad ni la clase política sean conscientes de su origen.

Su planteamiento se basaba en la distinción de dos esferas: a) la prepartidista, fundamentada en una ética de mínimos que se articulaba en torno a la defensa de los derechos humanos del conjunto de la ciudadanía, al margen de sus filiaciones ideológicas; y b) la partidista, que implicaba diferentes opciones sobre las identidades nacionales y las fórmulas de convivencia en Euskadi. Esta diferenciación se fundamentaba éticamente en el contraste entre lo "intolerable" (la situación de violencia) y lo "discutible" (los diferentes proyectos políticos) (Aspuru, 2005: 20). Como movimiento ideológicamente plural, sus miembros militaban en distintos partidos y tenían visiones muy diferentes sobre el conflicto identitario vasco. Pero, como organización, Gesto se decantó claramente por situar sus reflexiones y sus prácticas en la esfera prepartidista e intentó que sus pronunciamientos proporcionasen una voz ética cualificada superadora de la confrontación entre partidos. Sus concentraciones enfatizaban que el derecho a la vida estaba por encima de cualquier otra idea o proyecto político. Por eso, se movilizaban tanto cuando ETA atentaba contra cualquier persona como cuando un activista de la organización moría fruto del enfrentamiento con la policía o al explotarle un artefacto diseñado para segar la vida de otras personas.

En Euskadi, la opción por la violencia con sus costosas consecuencias se hizo en nombre de todo el pueblo vasco. *No en mi nombre*, el título de este libro, rememora uno de los eslóganes más utilizados por Gesto en sus movilizaciones. Lo hacía para mostrar que ser vasco o vasca no tenía por qué significar connivencia o complicidad con la violencia y, por tanto, que ETA no representaba al pueblo vasco. También buscaba romper los muros de la indiferencia de la mayoría de la sociedad, insistiendo en que, precisamente por ser una violencia ejercida en su nombre, la mejor estrategia de deslegitimación era la manifestación pública de rechazo hacia la misma por parte de la ciudadanía.

> Conscientes de que es muy difícil evitar las injusticias que cometen nuestros semejantes, al menos nos quedaba el recurso de expresar que esas atrocidades no se llevaran a cabo en nuestro nombre (Gómez Moral, 2013: 7).

No era una tarea fácil. El discurso de ETA presentaba la violencia como una opción liberadora. Resultaba difícil cuestionar el uso de la violencia cuando se suponía que esta perseguía fines progresistas: conseguir la libertad de un pueblo, defender el derecho a la autodeterminación, construir una sociedad más justa, etc. Sin embargo, la justificación de la violencia en el discurso de ETA y de su entorno se sustentaba en varios mitos problemáticos que, inspirándonos en el legado de Gesto, vamos a deconstruir en este libro: la homogeneidad del pueblo vasco, los fines justifican los medios, la necesidad e inevitabilidad de la violencia y la violencia como mera respuesta a la agresión de los "otros".

ACTIVIDAD 1

Este libro trata sobre las contribuciones que las reflexiones y estrategias de movilización de Gesto por la Paz hicieron a la democracia y a la reconstrucción de la convivencia en una Euskadi marcada por la violencia de ETA.

- ¿Habías oído hablar acerca de esta organización pacifista? ¿Qué conoces sobre ella?
- Pregunta a distintas personas de tu entorno: ¿qué saben de ella? ¿Qué ideas defendían? ¿Qué recuerdan de sus movilizaciones? ¿Participaron alguna vez en ellas? ¿Cuándo y por qué? ¿Qué valoración les merece Gesto por la Paz y por qué?

Fuente: Fabián Laespada.

1. RECORRIDO HISTÓRICO Y ESTRATEGIAS DE MOVILIZACIÓN

Gesto por la Paz surgió a mediados de los ochenta, durante los llamados "años de plomo", cuando la ciudadanía y su clase política habían asimilado la violencia como parte connatural de la cotidianidad; fueron años de profunda pasividad frente a una violencia que marcaba la vida de la sociedad vasca. Mientras, la izquierda *abertzale* controlaba las calles al grito de *"Gora ETA militarra"*. Para entonces, ya se habían producido 465 asesinatos (el 54% del total), en su mayoría de miembros de las Fuerzas y Cuerpos de Seguridad del Estado, consideradas por un amplio sector de la ciudadanía como "fuerzas de ocupación" heredadas de la dictadura franquista. En este contexto, resultaba mucho más fácil identificarse con quienes ejercían la violencia que con sus víctimas. Así lo describe Ana Rosa Gómez Moral:

> [...] Todos tenemos en la memoria la vileza de los fusilamientos de Txiki y Otaegi en septiembre de 1975, pero ¿alguno de nosotros se acuerda del nombre de alguna de las 16 víctimas mortales que causó ETA ese mismo año? [...] nuestras simpatías más profundas con aquellas personas que estaban dispuestas a matar provenían también de los sentimientos, de las emociones e, incluso, del afecto. Eran nuestros familiares, nuestros amigos, nuestros compañeros de estudios o de trabajo... Podían ser, perfectamente, nosotros. Por eso era más fácil y natural identificarse con ellos que con unas víctimas

> a las que prácticamente nunca conocíamos, puesto que venían de otras latitudes, y, encima, estaban casi siempre relacionadas con las antipáticas fuerzas de seguridad que, al principio, servían a un régimen dictatorial (2013: 19).

No obstante, ya en octubre de 1978 se produjo una manifestación en Bilbao convocada a iniciativa del Partido Nacionalista Vasco (PNV) y secundada por el Partido Socialista Obrero Español (PSOE), el Partido Comunista de España (PCE), la Unión de Centro Democrático (UCD), Comisiones Obreras (CCOO) y la Organización Revolucionaria de Trabajadores (ORT). A partir de entonces se sucedieron una serie de importantes manifestaciones de protesta con motivo de los asesinatos del ingeniero de Lemoiz José María Ryan (1981), el capitán de farmacia Martín Barrios (1983) y el senador socialista Enrique Casas (1984). De forma paralela, diferentes sectores sociales (estudiantes universitarios, activistas del movimiento antimilitarista y militantes juveniles de grupos parroquiales surgidos al calor de las enseñanzas del Concilio Vaticano II y de su apuesta por la corresponsabilidad laical) realizaron movilizaciones que contribuyeron a erosionar el clima de silencio e indiferencia ciudadana.

> [...] No podíamos vivir en la incoherencia que suponía denunciar la carrera armamentística y apostar por la no violencia en el mundo mientras guardábamos silencio en relación con la violación de los derechos humanos en Euskadi. [...] (Javier Madrazo, en Iglesias, 2009: 1315).

En 1985 se creó Itaka, un colectivo ligado al colegio Escolapios de Bilbao, para expandir las enseñanzas del centro más allá de sus propios muros con actividades extracurriculares centradas en la transformación social y la construcción de la paz, dirigidas al alumnado y a sus familias. Uno de sus objetivos fundacionales fue la puesta en marcha de las concentraciones silenciosas de 15 minutos denominadas "gestos". La primera de ellas, el 26 de noviembre de 1985:

> Cogimos la idea de los Artesanos [...] Estaban allí en silencio con un cartel o lo que sea y simplemente una pregunta o una afirmación: "han matado a un hombre". Luego cambiamos a una persona porque nos echaron la bronca: "han matado a una persona. ¿Por qué no la paz?". Y de ahí surge... Con la violencia en Euskadi lo que más nos llamaba la atención es que pasaba desapercibida, que ya no importaba. Estábamos tan acostumbrados en el año 84-85 que era... han matado a otro [...] Nos parecía escandaloso cómo nadie decía nada (Moreno, 2019: 64).

En 1986, Cristina Cuesta, hija de Enrique Cuesta —delegado de Telefónica en Donostia asesinado en 1982 por los Comandos Autónomos Anticapitalistas, una escisión de ETA—, promovió la Asociación por la Paz y, posteriormente, Denon Artean (1990).

> Me enervaba que las víctimas estuviéramos calladas, ausentes, olvidadas. Pensé que, haciendo un llamamiento a todas las víctimas del terrorismo, de todo terrorismo y a la sociedad civil demostraríamos que era posible otro camino [...] Una chica joven, víctima del terrorismo que habla de paz, era novedoso y llamativo. Yo no quería quedarme en el testimonio. Quería constituir una asociación [...] Llamé o me entrevisté con los de mi ciudad y alrededores y así se convocó la primera reunión donde constituimos, un 8 de mayo, la Asociación por la Paz. Decidimos concentrarnos después de cada pérdida humana, independientemente de la circunstancia de la víctima [...] Confluimos con Gesto por la Paz, fundamos la Coordinadora Gesto por la Paz con grupos en numerosos municipios y en 1990 el grupo de San Sebastián nos fuimos buscando una mayor autonomía de funcionamiento y fundamos Denon Artean-Paz y Reconciliación (Cuesta, 2017).

De este modo, a la rutinización de la violencia Gesto por la Paz contrapropuso la rutinización de la respuesta, fue la "voz del silencio" (Funes, 1998: 38-41). Tras cada atentado se hizo visible en la calle, en barrios y plazas de toda la geografía vasconavarra, la presencia de pequeños grupos de personas que, detrás de una pancarta, en silencio y en un clima tenso, pedían durante 15 minutos el cese definitivo de la violencia. El silencio permitía congregar en torno a él diferentes sensibilidades políticas; es decir, disfrutaba de una especial densidad simbólica para expresar un consenso básico de demanda de dignidad humana, de desprecio por la violencia y de solidaridad con las víctimas. En esos momentos, Gesto no contaba con el apoyo expreso ni de los partidos políticos ni de otros actores sociales, porque "[...] salir a la calle a decir no a la violencia podía ser interpretado como un acto de connivencia con el Estado o la represión policial [...]" (Javier Madrazo, en Iglesias, 2009: 1315) y significarse ante sus propios convecinos.

Gesto combinó las concentraciones silenciosas en barrios y municipios —donde llegó a tener hasta 200 grupos— con una manifestación anual centralizada con motivo de la conmemoración de la muerte de Gandhi, una de las grandes fuentes de inspiración de los planteamientos no violentos de la organización.

> Eran como el gesto, pero en grande y en movimiento. Entre 1988 y 2012, todos los años excepto uno en que realizamos una cadena humana en Pamplona, nos dimos cita en la plaza del Sagrado Corazón de Bilbao para hacer el recorrido hasta el Ayuntamiento donde, finalmente, leíamos un manifiesto para insistir en los mensajes esenciales de Gesto de exhortación al cese definitivo de la violencia, solidaridad con las víctimas, petición de unidad política frente al terrorismo y escrupuloso respeto a los derechos humanos de todas las personas, incluidas aquellas que más daño nos estaban infligiendo. [...] fueran grandes manifestaciones o pudorosas marchas de apenas mil personas, la cita anual con Gandhi siempre nos reconfortó y nos ayudó a renovar aquella convicción profunda de que "no hay caminos para la paz, la paz es el camino" (Gómez Moral, 2013: 34).

Poco después de que Gesto recibiera el Premio Príncipe de Asturias a la Concordia (1993), ETA secuestraba al industrial Julio Iglesias Zamora, lo que puso a prueba las habituales estrategias de movilización del movimiento pacifista. Aunque, inicialmente, trataron de mantener concentraciones diarias de repulsa, a medida que el secuestro se prolongaba, sus miembros vieron que tenían que generar alternativas de mayor impacto y más sostenibles en el tiempo. Así, iniciaron un encierro en su sede del Casco Viejo bilbaíno, realizaron concentraciones semanales donde existía un grupo de Gesto y manifestaciones unitarias más o menos numerosas y escribieron una carta pública de apoyo a la esposa del industrial secuestrado donde se subrayaba hasta qué punto los trabajadores de Ikusi —su empresa—, con sus concentraciones de rechazo, se habían convertido en los máximos deslegitimadores del secuestro. Además, crearon el lazo azul para que la ciudadanía lo llevase siempre en su solapa: en la calle, en el aula, en el puesto de trabajo, en el ocio vespertino o de fin de semana, etc. Su diseño en forma de A significaba *askatasuna* (libertad). Estas liturgias cívicas se repitieron durante el resto de los largos secuestros de José María Aldaya, Cosme Delclaux y del funcionario de prisiones José Antonio Ortega Lara.

Los años noventa son la etapa de mayor reconocimiento político, institucional y social hacia la labor de Gesto por la Paz. Ello se explica parcialmente por el consenso de los partidos políticos —excepto Herri Batasuna (HB), referente electoral del entorno de ETA— sobre el terrorismo que se materializó en el Pacto de Ajuria Enea (1988). El Pacto realizaba una condena moral y política de la violencia e insistía en la ilegitimidad de los violentos para ser interlocutores en cualquier proceso de diálogo sobre problemas políticos y en la defensa de la legitimidad de todas las ideas políticas expresadas democráticamente (Sáez de la Fuente, 2004: 154). Además, Gesto recibió una intensa atención mediática; incluso aparecieron grandes lazos en prensa y quienes presentaban los informativos en televisión lo llevaban puesto.

Las movilizaciones de Gesto y su fuerte impacto mediático y significatividad social pillaron al entorno de ETA con el pie cambiado. Le sorprendió y le preocupó porque su hábitat privilegiado de expresión y de control siempre había sido la calle. Por ello, reaccionó con intentos de reapropiación por la fuerza mediante las llamadas contraconcentraciones del entorno de ETA en las que justificaba los secuestros con expresiones tan gráficas como las de "Julio, moroso, paga lo que debes. Julio *ordaindu*". A pesar del reconocimiento social y político de la labor de Gesto, muchos de sus militantes se sentían desprotegidos e intimidados por la izquierda *abertzale* hasta tal punto que algunos de sus activistas y simpatizantes se vieron forzados a no lucir el lazo en la solapa:

> La repetida frase de "todos estamos secuestrados con Aldaia" se convierte en especialmente real cuando, como a él, también nos quieren quitar la palabra y la capacidad de expresar públicamente lo que sentimos. En ese orden de cosas, muchos lazos azules están "secuestrados" en casa de mucha gente que, ante la campaña de insultos, amenazas e incluso agresiones, ha sido vencida por el miedo que produce la intolerancia (Gómez Moral, 1995: 16-17).

Este clima de persecución se intensificó dando lugar a una espiral de amedrentamiento especialmente intensa en pueblos pequeños que provocó que el grupo de Gesto de la localidad navarra de Etxarri Aranatz se viera obligado a suspender sus convocatorias de los lunes. Así lo explica Pedro Luis Arias:

> [...] lo más grande fue el grupo de Gesto por la Paz de Etxarri Aranatz, porque no solo convocan una contra, sino que además [...] convocan a gente de las proximidades, y el estar frente a frente significa casi estar nariz con nariz y te están insultando a esta distancia, ¿no? Y con una violencia, con una expresión violenta brutal, y claro, además, cuando acababa la concentración, te acompañan hasta el portal de casa, donde además es un pueblo muy pequeño con un control social absoluto, de manera que se acaba generando un problema. Y es que la gente de Etxarri Aranatz tiene que tener comportamientos prácticamente heroicos, lo que hacemos es acudir a esas concentraciones gente de otros lugares, pues para hacer un poco más de número, es decir, para generar un poco más de cuerpo, también con la ventaja de que tú luego te vas de Etxarri Aranatz y sigues viviendo (Sáez de la Fuente, 2013: 71-72).

La situación era tan tensa que, incluso, en determinados momentos, los responsables políticos de la Ertzaintza sugirieron que, para evitar males mayores y garantizar el orden público, tal vez fuera mejor suspender las movilizaciones, lo cual suponía que la ciudadanía debía renunciar a un espacio de ejercicio de libertad. Gesto no lo hizo.

Este periodo de los secuestros se enmarca en lo que ETA y su entorno denominaron la estrategia de la "socialización del sufrimiento". Tras el descabezamiento de la cúpula de la organización en Bidart (1992) y con HB crecientemente aislada en los ámbitos político, social y electoral, a ETA y a su entorno les preocupaba que la población vasca se encontrara satisfecha con el autogobierno. Por ello, querían enseñar al pueblo quiénes eran sus enemigos, quiénes, a su juicio, permitían, más allá de los aparatos del Estado, mantener la hegemonía de España en Euskadi. De ahí que la década de los noventa se viera atravesada por la proliferación de actos de violencia callejera o *kale borroka* y la violencia de persecución e intimidación fruto de la inclusión de cargos públicos no nacionalistas, periodistas, profesorado universitario y jueces como objetivos prioritarios de los atentados, marcando un punto de inflexión el asesinato de Gregorio Ordóñez —líder del Partido Popular en Gipuzkoa, parlamentario vasco y teniente alcalde del Ayuntamiento de Donostia— en 1995.

Los testimonios de las personas amenazadas recogidos por Gesto ponían de manifiesto cómo la angustia se multiplicaba exponencialmente cuando las amenazas se personalizaban (llamadas telefónicas, cartas amenazantes, extorsión a las empresas, etc.) o se exhibían con pintadas en las que las siglas de un partido o el nombre de una persona aparecían dentro de una diana, u otras tan habituales como "Os vamos a botar", *"Gora ETAm"*. La situación resultó más dramática en pueblos pequeños, donde ciertas opciones ideológicas eran estigmatizadas como traidoras en un ambiente de control social asfixiante: "Hay muchas, muchísimas personas en este pueblo que me han dicho que sienten náuseas al ver esta pintada (*'X entzun, pim, pam, pum'*), pero nadie se atreve a borrarla. Es el fuego del miedo que alientan los fascistas, y a todos nos quema" (Gesto por la Paz, 2003b: 3).

Ante estas nuevas formas de violencia, Gesto acuñó el término *violencia de persecución* y realizó campañas y movilizaciones contra ella incorporando nuevos eslóganes para denunciar su injusticia y su negativo impacto en derechos humanos fundamentales como los de libertad de expresión y de representación política y, por tanto, en la calidad de la democracia. Entre los más significativos, destacan: "Aquí no sobra nadie. *Sabotaiarik ez*"; "No a la violencia de persecución. *Elkarrekin askatasunaren alde*"; "Si te amenazan, nos agreden. *Mehatxua zuri, erasoa guri*"; "Juntos contra la amenaza. *Elkarrekin askatasunaren alde*". La denuncia en el ámbito local reproducía en todos los casos idéntica escenografía: un pequeño grupo se colocaba con una pancarta en la que aparecía la silueta de una persona, imagen que representaba a quienes se encontraban amenazadas (Gesto por la Paz, 2003a: 84). Esta violencia, que amenazaba a sectores cada vez más amplios de la sociedad, tenía un claro propósito de limpieza y de control ideológico porque pretendía acallar a todas aquellas personas que representasen o manifestasen ideas contrapuestas a las de ETA y su entorno.

ETA perseguía y asesinaba principalmente a miembros del PSE-PSOE y del PP, lo que provocó que proliferaran los escoltas y los cargos públicos se atrincheraran. Las tradicionales Casas del Pueblo socialistas sufrieron repetidos ataques a manos de los radicales. Mientras, las sedes del Partido Popular se convirtieron en espacios blindados. Los cuadros de los partidos no nacionalistas se veían obligados a mantener las distancias físicas con la ciudadanía y a limitar su participación en actos públicos a pie de calle. Todo ello reforzaba perversamente el estereotipo de que estos políticos no eran vascos, que eran de fuera y servían a los intereses del Gobierno central. Desde mediados de los años noventa, un número significativo de ediles tuvieron que abandonar sus cargos por la presión terrorista, lo que dificultó a estas fuerzas políticas la confección de sus listas electorales. En respuesta, algunos activistas de Gesto se incorporaron, a título personal, como independientes en los últimos puestos de dichas listas, como expresión de solidaridad y para denunciar que esas formaciones políticas estaban pagando fuertes peajes por su militancia y que no estaban jugando en igualdad de condiciones. Además, en abril del 2005, Gesto celebró una concentración junto a la sede del Parlamento Vasco bajo el lema "Por una democracia sin amenazas".

La violencia de persecución también afectó —eso sí, de forma mucho más aislada— a concejales nacionalistas, a quienes se les amenazaba no por sus ideas políticas, sino por el hecho de acercarse y solidarizarse con quienes sufrían el hostigamiento, porque decidieron "romper el veto social que ETA y su entorno intentan imponer sobre la mitad de nuestra sociedad [...]" (Bake Hitzak, 2002: 18). Este fue el caso de Usua Busca, concejala de Eusko Alkartasuna (EA) en Zumarraga, que sufrió violencia de persecución por mantener, pública y privadamente, una relación de amistad y solidaridad con la viuda del edil del PP Manuel Indiano y con su hija, de la que era madrina y que nació huérfana poco después del asesinato de su padre.

En ese clima de expansión de la amenaza, la organización pacifista también participó en concentraciones que se convocaban en apoyo de la magistratura y de militantes de partidos políticos, y los grupos universitarios de Gesto realizaron posicionamientos públicos en contra de la intimidación que sufrían algunos docentes y estudiantes: en estos grupos se vivieron momentos especialmente difíciles debido a la intransigencia de los sectores juveniles de la izquierda *abertzale*, que pretendía reventar los actos.

Por su parte, 349 periodistas vascos se vieron obligados a finales de 1993 a defender en conferencia de prensa la libertad de expresión. Poco después, ante los primeros registros por orden judicial de la redacción del diario *Egin*, Jarrai —vanguardia juvenil de la izquierda *abertzale*— llevó a cabo una campaña que se nutría de carteles bajo el lema "Policías provistos de pluma y micrófono. *Mikrofono eta lamadun txakurrak*". Los carteles fueron únicamente un eslabón de una serie de amenazas que comenzaron con pintadas anónimas en los portales de las casas de algunos periodistas y continuaron con el saqueo de furgonetas de reparto, sabotajes contra repetidores, ruedas de prensa acusatorias y pancartas en manifestaciones apoyadas por HB, agresiones a reporteros gráficos y unidades móviles y, después, comunicados amenazantes. La repulsa de Gesto se visibilizó en una campaña, con escasa resonancia social, en la que el humorista gráfico Forges diseñó un pin que transformaba el aforismo cartesiano "Pienso, luego existo" en el lema "Hablo, luego existo".

Tampoco los artistas se libraron de la violencia de persecución. En el año 2000, el Bosque pintado de Oma, obra de Agustín Ibarrola —miembro de Basta Ya y fundador del Foro de Ermua—, sufrió el primero de varios ataques a manos de simpatizantes de ETA. El bosque amaneció con dos árboles talados y, al menos, otros 82 con sus cortezas dañadas. El propio artista vasco denunció que el ataque era un intento por eliminar una forma de cultura que no tenía raíces nacionalistas (*El País*, 2000). Mientras, desde algunos sectores nacionalistas proliferaron voces que minimizaban la condición de víctima de Ibarrola, insistiendo en que el artista carecía de legitimidad para preocuparse y sentirse agredido, porque el bosque era propiedad de la Diputación Foral de Bizkaia y no suyo. El grupo de Gesto en Gernika realizó un acto de repulsa en el propio bosque, donde plantó dos retoños como promesas simbólicas de futuros árboles y leyó un comunicado. En él denunciaban las fuertes contradicciones en las que vivían quienes se definían como vascos ecologistas que luchaban por la libertad de su "Pueblo" y, al mismo tiempo, destrozaban una obra artística para amedrentar a su creador. Asimismo, subrayaban el compromiso de la organización con las personas amenazadas:

> Recordamos también a todas las personas a las que la misma ceguera fanática amenaza, acosa y hiere, a veces hasta la muerte. Renovamos el compromiso de no callar ante la estupidez de quienes se creen en posesión de la verdad absoluta (lo que constituye la garantía más cierta de encontrarse radicalmente equivocados) y el de mantenernos cercanos y solidarios de quienes, como Agustín Ibarrola, sufren en primera persona y en uno de sus bienes más preciados, el de la libertad, la agresión del fanatismo y la estulticia. [...] Acabamos reafirmando que con la misma esperanza en que estos dos retoños

> habrán de ser en el futuro árboles frondosos, confiamos en conseguir, entre todos y todas, una sociedad vasca en la que no tengan cabida expresiones de intolerancia e incultura como las padecidas hace unas fechas por este Bosque de Oma (Gesto por la Paz, 2000b).

La perspectiva de limpiar ideológicamente Euskadi estuvo en ETA desde finales del franquismo y la Transición. Por eso, ya en 1989, la organización pacifista apoyó un acto de solidaridad en el estadio de Anoeta con el cantante Imanol, que estaba sufriendo la presión del entramado violento, acto que se realizó bajo el lema "Todos contra el miedo". Imanol Larzabal, cantante y compositor en euskera y castellano, fue colaborador de ETA durante el franquismo y estuvo exiliado en Francia. Tras la amnistía del 77, volvió a España, donde continuó su carrera musical. Al mismo tiempo que se comprometió en varias iniciativas de defensa del euskera y de la autodeterminación, tendió a manifestarse en contra de la violencia. Su participación en el homenaje póstumo a Yoyes (exdirigente de ETA asesinada por la organización armada) hizo que la izquierda *abertzale* multiplicase su hostigamiento contra él, hasta el punto de recibir ataques en su coche, pintadas y amenazas de muerte. En octubre del 2000 anunció que, cansado de las coacciones, abandonaba Euskadi.

ACTIVIDAD 2

Muchas de las canciones de Imanol, en castellano y en euskera, hablan sobre su identidad y su vinculación afectiva con su tierra, pero también acerca de su rechazo a la violencia. Algunas de las letras las compuso él mismo y otras ponían música a poemas de reconocidos poetas como Lope de Vega y Pablo Neruda.

Escucha algunas de las siguientes canciones: *Nunca, que no nunca*, *Ausencia*, *Mendian gora haritza* y *Nire euskaltasuna*:

- ¿Qué te evocan sus letras y su música?
- ¿Qué relación ves con los temas que hemos trabajado hasta el momento en este libro?

Al acuñar el término *violencia de persecución*, Gesto pretendió hacer consciente al resto de la sociedad de que existía una violencia, no tan dramática y visible como el asesinato o el secuestro, pero que condicionaba gravemente la vida de cientos de personas y de familias enteras. Además, mostró que, aunque esa violencia tenía unos destinatarios específicos, es decir, que no dañaba a todos por igual, la sociedad debía reaccionar y sentirse afectada en sus propios derechos porque "no se puede ser libre en un mundo de esclavos", en tanto que una parte significativa de la opinión pública se veía forzada a relegar sus opiniones ideológicas y políticas a la esfera privada, optando por el silencio, el disimulo o la ocultación. Esta forma de limpieza ideológica lesionaba gravemente los derechos de la sociedad y hacía inviable la democracia. "Hoy, puede que nuestras ideas no estén perseguidas, pero si consentimos que otras lo estén, estaremos renunciando a nuestra propia libertad" (Gesto por la Paz, 2000c: 5-6). Gesto también manifestó una especial preocupación por el hecho de que la socialización del terror consolidaba una subcultura de la violencia con un significativo impacto en el sector juvenil, protagonista activo de los actos de amedrentamiento. Y advirtió que "lo que puede empezar siendo la quema de un contenedor de basura pasará a formas cada vez más intimidatorias de violencia que, además de constituir un campo de entrenamiento práctico, servirán también como método de selección de los individuos más comprometidos" (Gómez Moral, 2000a: 49).

Las estrategias de movilización descritas respondían a una prioridad de Gesto desde sus orígenes, la solidaridad con las víctimas, "tratando de liberarlas de la culpa que les habían imputado sus verdugos como excusa para asesinarlas o infligirles un daño cruel, irreparable e injusto" (Gómez Moral, 2013: 7). En los primeros años, cuando todavía no había leyes de reconocimiento y solo existía la Asociación de Víctimas del Terrorismo (AVT, 1981) —sin implantación en Euskadi—, Gesto se acercó a las víctimas para conocer sus necesidades y apoyarlas en un escenario de olvido institucional y de menosprecio y ostracismo social. Desde mediados de la década de los noventa, Gesto insistió en que la paz y la reconciliación exigían evitar la amnesia y conseguir que los victimarios reconociesen el daño injustamente causado, es decir, que acabasen cayendo en la cuenta de las monstruosidades que habían cometido en lugar de permanecer convencidos de que sus agresiones, fueran del tipo que fueran, estuvieron justificadas. De lo contrario, se daban indecentes procesos de revictimización; por eso, a su juicio, la memoria debía ser celosa para con la verdad y no una "memoria fugitiva" (Gesto por la Paz, 2003a: 84):

> [...] frente a la concepción de que la historia avanza por medio del uso de la violencia o de aquella que reivindica el olvido para la comprensión del futuro, defendemos que solo se podrá emprender un verdadero cambio en la historia precisamente gracias a la incorporación del recuerdo de las víctimas al porvenir de esta sociedad (Gesto por la Paz, 2000a: 45).

En consecuencia, los actos y las Jornadas de Solidaridad con las Víctimas que Gesto celebró desde principios de la década del 2000 trataron de visibilizar socialmente a las víctimas en cuanto sujetos de memoria, combinando una dimensión reflexiva de la mano de expertos con otra testimonial a cargo de víctimas directas o de familiares de las mismas y de personas amenazadas. Precisamente, Gesto fue una de las organizaciones pioneras tanto en su reflexión sobre el valor pedagógico de los testimonios de las víctimas como en la organización de los primeros encuentros de "víctimas educadoras" con escolares en centros educativos vascos.

Gesto gozó de un mayor éxito cuando existía un cierto consenso en el ámbito político contra la violencia, como en la época de vigencia del Pacto de Ajuria Enea (1988), y tuvo dificultades tras el de Estella (1998), que consolidó la fractura entre nacionalistas y no nacionalistas y obligó al grupo pacifista a intentar construir puentes entre esas dos orillas que estaban muy distanciadas. Fue este el momento en el que la violencia de persecución alcanzó su clímax.

> A partir de entonces y hasta su final, se inició el largo *desolato* de Gesto por la Paz. Más que en sus orígenes, esa fue la verdadera

travesía en solitario de su historia. El filtro de los acontecimientos fue reduciendo la adhesión activa a su mensaje hasta quedar en manos de muy pocos que, no obstante, seguimos sosteniéndolo hasta el final, porque creíamos seriamente en su inconmensurable valor para el devenir de nuestra sociedad (Gómez Moral, 2013: 33).

Dos años después de la declaración del alto el fuego definitivo, Gesto por la Paz decidió autodisolverse. Lo hizo en Bilbao, con un acto multitudinario dotado de un alto componente simbólico y emocional. Su pancarta decía *"Lortu dugu"* (Lo conseguimos). Como subrayaba Imanol Zubero (1998: 144), "Gesto por la Paz ha dicho siempre que su mayor ilusión sería la de dejar de ser necesario [...]". De este modo cerraban un ciclo respondiendo fielmente a su espíritu fundacional de no desaparecer hasta que la violencia hubiese sido desterrada de Euskal Herria.

Para profundizar en la trayectoria y obra de Gesto, recomendamos la visualización de su documental: https://primeran.eus/m/gesto.

Fuente: Fabián Laespada.

2. PUNTOS DE CONTROVERSIA CON OTROS ACTORES

A lo largo de su dilatada trayectoria, Gesto compartió el escenario de protesta contra la violencia con otras organizaciones. Con algunas estableció ciertas relaciones de colaboración y con otras, de franca rivalidad tanto respecto a las estrategias de movilización como sobre las posturas frente a cuestiones políticamente controvertidas. Algunos de los planteamientos de la organización pacifista fueron en ocasiones mal comprendidos u objeto de duros cuestionamientos éticos y políticos, incluso por personas y sectores de la ciudadanía tradicionalmente afines. En determinados aspectos, Gesto por la Paz se mantuvo muy firme en sus postulados; en otros, realizaron autocrítica o introdujeron matices que buscaban clarificar su posicionamiento.

SOBRE MANIFESTARSE CONTRA TODAS LAS MUERTES

Gesto consideraba que su compromiso con la no violencia implicaba oponerse a todas las muertes de todas las personas al margen de su perfil ideológico, de su victimario o de las circunstancias en las que la muerte se produjera. Porque la razón de oponerse a la violencia no podía ser meramente estratégica (conviene o no a un determinado fin), sino ética, es decir, centrada en su injusticia. Para ello, recurría a los derechos humanos y al vínculo indisoluble que estos establecían entre persona y dignidad, vínculo previo a cualquier posición ideológica o política. No obstante, esta posición provocó la denuncia de distintos intelectuales para quienes equiparar los sentimientos de pesar ante la muerte podía desdibujar la injusticia de los crímenes cometidos y las responsabilidades ante los mismos, y convertir a los verdugos en víctimas y viceversa:

> [...] Se estaría diciendo que no importan las razones por las que unos han muerto matados y otros murieron matando, como si su muerte les hubiera vuelto a todos intercambiables y asimismo equiparables a sus antagónicos proyectos (Arteta, 2012: 139).

Frente a esta crítica, Gesto insistía en que su pretensión no era equiparar a víctimas y a victimarios, sino mostrar que, aunque las muertes de estos últimos fueran consecuencia de su decisión de utilizar la violencia, también reflejaban los efectos profundamente destructivos de la misma.

SOBRE EL CARÁCTER PREPARTIDIARIO DE LAS MOVILIZACIONES

Gesto se movilizaba, deliberadamente, en silencio y sin incluir ningún tipo de contenido político partidario en sus pancartas. Lo hacía con el objetivo de acoger en su seno a todas las personas que estuvieran en contra de la violencia con independencia de sus convicciones ideológicas o de sus militancias políticas. Este estilo movilizador chocaba con el de las contramanifestaciones de la izquierda *abertzale*, pero también con el que utilizaban las plataformas cívicas contrarias a ETA surgidas tras el asesinato de Miguel Ángel Blanco (Foro de Ermua, Basta Ya, etc.). Estas últimas criticaban a Gesto por lo que consideraban un "pacifismo gestual y estéril", tibio y de poca contundencia frente al nacionalismo. Gesto, por su parte, consideraba legítimos los estilos de movilización que ellas empleaban, pero no los compartía porque consideraba que su elevado componente emocional de carácter casi catártico, visibilizado en un "caos lleno de ruido", y sus indudables contenidos políticos, reproducían socialmente la fractura entre nacionalistas y no nacionalistas. Gómez Moral (2007: 59) recalcaba que "las consignas, banderas y pancartas que exceden ese mínimo común no hacen más que añadir desconcierto y zozobra a una ciudadanía que, por desgracia, está empezando a olvidar lo que es la unidad democrática frente al terrorismo". Aun así, hubo militantes que tomaron la decisión de participar en los dos tipos de movilización, al percibirlas como complementarias —porque estimaban que sus objetivos eran distintos— y considerar tan válido el grito como el silencio en función de las circunstancias.

SOBRE EL RECHAZO A LA VIOLENCIA ILEGÍTIMA DEL ESTADO

Gesto criticó frontalmente todo tipo de política antiterrorista y de legislación excepcional que, por razones de utilidad cortoplacista o de oportunidad política, no se ajustaban a las reglas y a los límites del Estado de derecho (por ejemplo, Grupos Antiterroristas de Liberación —GAL—, torturas, impunidad policial, judicial o política, etc.) (Gesto por la Paz, 1995b: 3). Este planteamiento se expresa en el lema de una campaña de Gesto por la Paz lanzada a finales de 1994 para exigir justicia y la consideración de las víctimas de los GAL en los mismos términos que las de ETA: "Si la democracia mata, la democracia muere". Además, recalcaba que no se debía presentar (como de hecho ocurrió) cualquier investigación, procesamiento o sentencia sobre la guerra sucia como un triunfo de ETA, ni considerar que quienes se manifestaban contra el terrorismo de Estado apoyaban la violencia.

Hubo quienes consideraron que la organización pacifista ponía en entredicho la licitud del Estado para combatir a ETA. Sin embargo, el movimiento aceptaba el empleo de la fuerza por parte de las instituciones democráticas, incluidas las policiales y judiciales, siempre que estas se sometieran a estrictos mecanismos de control. Lo que condenaba era la violencia estatal de carácter ilegítimo como los malos tratos y las torturas. Pensaba que

> en [...] un contexto democrático [...] la sociedad tenía derecho a defenderse de la fuerza ilegítima de ETA recurriendo a la fuerza legítima de las instituciones. [...] Nunca se habrá visto una acción de Gesto en contra de la detención, juicio y, en su caso, encarcelamiento de miembros de ETA (Zubero, 2002: 85).

SOBRE LA RELACIÓN ENTRE NACIONALISMO Y VIOLENCIA

Gesto cuestionó las posiciones "frentistas" que polarizaban a la sociedad entre nacionalistas y constitucionalistas. Defendió que ni compartir un proyecto político nacionalista tenía que implicar necesariamente el apoyo a la violencia ni que quienes defendían la Constitución y el Estatuto de Autonomía de Gernika como único marco jurídico-político de convivencia entre los vascos asumían una posición que impedía acabar con la violencia (Aspuru, 2005: 20). La organización pacifista reclamó, sin descanso, la importancia de la unidad de las fuerzas políticas nacionalistas y constitucionalistas en torno al rechazo a la violencia con el argumento de que la división entre ellas suponía una importante victoria política para ETA.

En contraste, Foro de Ermua y Basta Ya fueron especialmente incisivas con que la unidad de los partidos podía ser profundamente injusta para las víctimas, ya que, en su opinión, suponía asumir planteamientos ideológicos próximos a los de los violentos o aceptar los postulados nacionalistas que, a su juicio, se estaban viendo beneficiados por décadas de violencia. Estas plataformas condenaban el proyecto nacionalista, aunque careciese de expresiones violentas, combatiendo lo que ellos denominaban "nacionalismo obligatorio". Buena parte de quienes lideraban las nuevas organizaciones cívicas eran intelectuales perseguidos por ETA, de modo que era relativamente fácil que se estableciera una contraposición simplista entre quienes les apoyaban y aquellos que, al no hacerlo expresamente, podían ser acusados de cómplices de los violentos o, al menos, de mantener una postura equidistante entre víctimas y verdugos (Unzeta, 2001: 44; Gesto por la Paz, 2002: 49).

SOBRE LA SEPARACIÓN ENTRE VIOLENCIA Y POLÍTICA

Una de las controversias giró en torno a la legitimidad de la negociación política entre el Estado y ETA para acabar con la violencia. Gesto consideraba que el final de la violencia no debía implicar ningún tipo de concesión acerca del estatus jurídico-político de Euskadi; por el contrario, cualquier decisión sobre estos asuntos debía ser fruto de la búsqueda de consensos entre las fuerzas políticas mediante mecanismos democráticos y no del chantaje del terror. Esta posición contrastaba con la de organizaciones como Elkarri, que surgió del seno de la propia izquierda *abertzale* a principios de los años noventa a raíz del conflicto "ecologista" sobre la construcción de la autovía de Leitzaran. Elkarri se presentó ante la opinión pública como un movimiento social por el diálogo y el acuerdo y no como una organización pacifista. Estaba convencido de que la violencia de ETA era consecuencia directa de un problema político y que, por tanto, solo resolviendo este último mediante la negociación, podría acabarse con ella. En consecuencia, la estrategia fundamental de Elkarri se centró en la celebración de conferencias de paz y la búsqueda de acuerdos entre partidos y sindicatos nacionalistas y de mediadores internacionales. Gesto se desmarcó expresamente de estas iniciativas y no participó en ninguna de ellas.

En septiembre del 2010, ETA anunció la "paralización de las acciones armadas ofensivas". A diferencia de otras de treguas anteriores, en este caso no había ningún tipo de proceso negociador en marcha con el Gobierno. Sin embargo, Batasuna —marca electoral de la izquierda *abertzale*— era consciente de que no había otro camino si quería garantizar su supervivencia política. La izquierda *abertzale* buscó el apoyo de mediadores internacionales —porque le proporcionaba legitimidad como interlocutor político— y de otras fuerzas soberanistas. En este giro estratégico contó con el impulso de organizaciones de la sociedad civil que se habían opuesto al uso de la violencia como Lokarri —nueva denominación adquirida por Elkarri—, que desempeñó un papel decisivo en la Conferencia de Paz de Aiete, escenario facilitador de la declaración de alto el fuego definitivo de ETA en 2011. En coherencia con sus principios, Gesto tampoco estuvo aquí presente.

En definitiva, Gesto no avaló procesos de negociación política y también tuvo una posición crítica frente a cómo se dio el alto el fuego definitivo. Consideró que el abandono de la violencia por parte de ETA obedecía solo a razones estratégicas y no a un cuestionamiento ético que afirmara que el uso de la violencia es incompatible con cualquier realidad humana. Gesto reconocía que

> un proceso puede comenzar [...] por una justificación estratégica del abandono de la violencia (mirada hacia el futuro) [...] [pero debería] terminar, ojalá, en el reconocimiento de que no hubo, ni hay, justificación para tanto dolor (juicio del pasado) (Aspuru, 2010: 61).

A medida que se sucedieron los acontecimientos y el entorno político de ETA no dio muestras suficientes de emitir un juicio autocrítico sobre el pasado, tal y como les demandaba Itziar Aspuru, otras líderes de Gesto denunciaban que la izquierda *abertzale* se presentase como valedora de la paz: "[...] es tremendo, como si fuera un logro suyo, cuando la verdad es que tendría que ser su vergüenza" (Sáez de la Fuente, 2013: 198).

Las profundas discrepancias de fondo entre Gesto y Elkarri no impidieron que en determinados momentos colaborasen puntualmente, por ejemplo, para elaborar un manifiesto conjunto contra la violencia de persecución (Gesto por la Paz y Elkarri, 2004), iniciativa propuesta por Elkarri, que se mostró interesada en abordar el tema de las víctimas, un asunto escasamente planteado por su organización hasta aquel momento, pero que Gesto había enfatizado desde sus orígenes. El manifiesto no tuvo mayor trascendencia ni derivó en otras colaboraciones.

SOBRE LA POLÍTICA DE DISPERSIÓN DE PRESOS

Gesto surgió al mismo tiempo que el Gobierno socialista de Felipe González ponía en marcha la dispersión de presos de ETA como uno de los pilares fundamentales de su política penitenciaria con el objetivo de favorecer la desvinculación de los reclusos de la organización y estimular su reinserción, así como de desactivar el poder simbólico que su concentración otorgaba a las protestas de los presos como "representación del pueblo oprimido". El grupo pacifista manifestó reiteradamente su oposición a la dispersión de los presos etarras porque consideraba que incumplía el mandato constitucional de favorecer la reinserción del penado en un entorno próximo a su lugar de origen y que provocaba un sufrimiento inmerecido a los familiares de los reclusos que se veían obligados a realizar mensualmente viajes de más de mil kilómetros para acceder a las prisiones. Oponerse a la dispersión no significaba estar de acuerdo con la propuesta de reagrupamiento que defendía el entorno político de ETA y, mucho menos, con la amnistía. Como alternativa, apostaba por el acercamiento de los presos a prisiones de Euskadi o de otras comunidades autónomas próximas. Defender contra viento y marea este planteamiento le hizo ser objeto de duras críticas tanto por parte de quienes consideraban que con ello hacía el juego a ETA como de aquellos que pensaban que era una postura tibia, a todas luces insuficiente. Y también generó algunas disensiones internas. En la época de la violencia de persecución, el movimiento se enfrentó a un asunto especialmente espinoso, el de la relación entre la violencia callejera y la dispersión de presos, tratando de erosionar (sin éxito) la instrumentalización que realizaba tanto la clase política como el entramado radical:

> No hay que priorizar ni condicionar el debate sobre el acercamiento de los presos a la violencia callejera o a las víctimas, o sea, no se

> puede argumentar que se produce violencia callejera a causa del alejamiento de los presos ni que no se debe proceder al acercamiento hasta que cesen los sabotajes y las amenazas. Por coherencia ética se debe propugnar al mismo tiempo el acercamiento, la no justificación de la violencia callejera y el respeto y acompañamiento solidario a todas las víctimas (Urkiola, 1999).

SOBRE LAS ILEGALIZACIONES DE LA IZQUIERDA *ABERTZALE*

Con el consenso de populares y socialistas, a mediados del 2002 se promulgó la controvertida reforma de la Ley de Partidos, que establecía las conductas que podían implicar la ilegalización de una fuerza política por no respetar los parámetros democráticos. Tras el atentado de Santa Pola (2002) y la negativa de Batasuna a condenarlo, el Gobierno decidió poner en marcha el proceso para su ilegalización. En Euskadi, PP y PSOE consideraban que con ello no se erosionaba el pluralismo, mientras que las fuerzas nacionalistas estimaban que sí distorsionaba el mapa político vasco. Los nacionalistas subrayaban, asimismo, que la ilegalización dificultaba la consecución de la paz porque podía fomentar el apoyo de la opinión pública a la izquierda *abertzale* precisamente cuando esta atravesaba una profunda crisis fruto de su retroceso electoral y de la formación de Aralar, un partido que se escindía del entorno de ETA con tesis de rechazo a la violencia.

En el 2008, algo más de la mitad de la ciudadanía vasca se mostraba en desacuerdo con las ilegalizaciones de las sucesivas marcas electorales de la izquierda *abertzale*. No obstante, dos de cada tres vascos y vascas exigían a Batasuna que condenase la violencia para favorecer su legalización, tasa que no bajaba del 60% en el conjunto del electorado nacionalista (Sáez de la Fuente, 2011: 22). En esta cuestión, Gesto defendía una posición cercana a los planteamientos nacionalistas. En primer lugar, porque consideraba que "el pensamiento no delinque" y que el Código Penal tenía herramientas suficientes para perseguir y sancionar a las personas que hicieran apología del terrorismo. En segundo lugar, estimaba que las ilegalizaciones podían atentar contra la representatividad política. Finalmente, argumentaba que ilegalizar a la izquierda *abertzale* alimentaba su discurso victimista. Al mismo tiempo que se opuso a las ilegalizaciones, fue muy crítica con el comportamiento de la izquierda *abertzale*, quien, para denunciar el presunto "*apartheid* político" que sufría, se dedicó a realizar duras campañas de presión sobre alcaldes y concejales de distintas localidades. Tras la vuelta a la legalidad, Gesto insistió en que no bastaba con que sus estatutos fueran formalmente democráticos; tenían que demostrar en la práctica su cultura democrática.

ACTIVIDAD 3

Algunos de los planteamientos de Gesto fueron especialmente controvertidos. Ello se debía, al menos en parte, a que rompían con esquemas preestablecidos que nutrían la polarización de la sociedad vasca y de su clase política. De este modo, cuestionaba convicciones muy arraigadas en distintas sensibilidades políticas. Piensa en los siguientes:

- Cualquier persona podía y debía dolerse con el sufrimiento o la muerte de todas las víctimas. No había mis víctimas (las de ETA), tus víctimas (las de terrorismo de Estado), sino nuestras víctimas (las de ETA y las del terrorismo de Estado).
- Lo que había que combatir no era la defensa de proyectos políticos nacionalistas, sino las posiciones totalitarias y el uso de la violencia para lograrlos.
- La violencia de persecución fue una estrategia sistemática y deliberada de limpieza ideológica que amenazaba los fundamentos de la democracia.
- Los presos de ETA tienen derecho a su acercamiento a cárceles de Euskadi o de comunidades autónomas limítrofes, pero no a su reagrupamiento.

Reflexiona sobre estos planteamientos:

- ¿Cómo los argumentaba Gesto?
- ¿Quiénes se posicionaban en contra? ¿Por qué?
- ¿Cómo te posicionas tú? ¿Por qué?

3. EROSIÓN DE MITOS JUSTIFICADORES DE LA VIOLENCIA

Gesto por la Paz se distinguió por conseguir una fructífera combinación entre la reflexión ético-política sobre la injustica y la ilegitimidad del uso de la violencia para conseguir objetivos políticos —el llamado *gesto oculto*— y sus creativas y diversas estrategias de concienciación y movilización ciudadana. Su planteamiento, que tomaba como base los derechos humanos, apostaba por la desvinculación entre violencia y política, el pluralismo de la sociedad, la legitimidad del sistema autonómico y de su pleno desarrollo, la posibilidad de cambios siempre y cuando fueran mayoritaria y democráticamente refrendados, la primacía de los derechos individuales sobre los colectivos, la defensa del acercamiento de los presos de ETA a cárceles vascas para facilitar su reinserción y evitar penalizar a sus familiares, y una posición crítica respecto de la ilegalización de partidos políticos por sus repercusiones en la calidad de la democracia. Aunque los apartados anteriores desvelan algunas de estas posiciones, ahora queremos destacar las ideas clave de su legado para la cultura democrática y la construcción de una sociedad pacífica y pluralista. Lo haremos mostrando cómo estas ideas ayudan a erosionar éticamente algunos de los principales mitos sobre los que la narrativa de ETA y su entorno han basado su justificación del uso de la violencia para conseguir objetivos políticos.

LA HOMOGENEIDAD DEL PUEBLO VASCO

Este mito subraya que el pueblo vasco ha sido históricamente una comunidad homogénea que no solo comparte determinados rasgos singulares como la lengua y su vinculación a un territorio concreto, sino que, además, defiende monolíticamente, sin fisuras, una identidad nacionalista, un proyecto político independentista y una orientación ideológica de izquierdas. Según este mito, el pueblo vasco se distingue radicalmente del español, a quien se le atribuyen rasgos ética y políticamente negativos y despectivos (invasores, okupas, fachas, etc.), por lo cual no hay posibilidad de asumir identidades mestizas, es decir, que una persona pueda sentirse al mismo tiempo vasca y española o vasca y no nacionalista. La opción de ETA por la violencia se presentaba como una posición compartida por el conjunto de la sociedad vasca, considerando ilegítima cualquier discrepancia. Ello implicaba la expulsión de la comunidad de cualquier persona que pensara distinto, porque no era "auténticamente vasca" y suponía una amenaza para los intereses del pueblo. Como hemos visto, dicha expulsión se logró mediante intensos procesos de acoso e intimidación que en muchos casos culminaron con el asesinato.

La sociedad vasca ha sido históricamente plural (Rivera y Sáez de la Fuente, 2024) y no lo ha sido menos respecto de la valoración de la violencia como estrategia política. Esto es precisamente lo contrario de lo que afirma el mito de la homogeneidad y se visibiliza con claridad en el conocido eslogan de Gesto "No en mi nombre". Una de las formas de expresión más evidentes de esta discrepancia fue el contraste entre las manifestaciones callejeras en favor y en contra de la violencia. Si bien durante la Transición y, especialmente, los años de plomo, la calle había estado controlada por los eslóganes y las movilizaciones de apoyo a ETA, a partir de finales de los ochenta, estos tuvieron que compartir espacio y coexistir, en un clima de creciente tensión, con las concentraciones de aquella parte de la sociedad vasca que quería mostrar públicamente su rechazo a la violencia y su solidaridad con las víctimas. Frente a esta clara evidencia de pluralidad, el entorno de ETA recurrió a la intimidación y al acoso de los activistas pacifistas, a quienes se les acusaba de ser "hijos de la Guardia Civil" o "españolazos", para descalificar y silenciar la discrepancia. Aunque en estas movilizaciones participaba un sector reducido de la sociedad, en determinadas concentraciones como las que se produjeron con motivo de los secuestros de los años noventa, la participación creció significativamente. Fue el secuestro y el asesinato de Miguel Ángel Blanco en las fatídicas 48 horas del 11 y 12 de julio de 1997 los que provocaron una movilización sin precedentes que mostró la extensión que había alcanzado el profundo rechazo hacia ETA por parte de personas de distintos perfiles ideológicos, nacionalistas y no nacionalistas.

DIVERSIDAD DE POSICIONES DE LA OPINIÓN PÚBLICA FRENTE A LA VIOLENCIA

El que durante todo el ciclo de la violencia las manifestaciones fueran cosa de unas minorías especialmente concienciadas y comprometidas pudo obedecer a distintos tipos de razones: desde que la gente considerase que la movilización contra la violencia tenía un alto costo personal o que resultaba inútil, hasta que estimase que era algo que no les concernía o que podía poner en cuestión el proyecto político nacionalista. Pero si bien la mayoría de la sociedad vasca no se manifestó públicamente, ello no significa que estuviera a favor de la violencia. De hecho, los datos del Euskobarómetro revelan que el porcentaje de personas contrarias a la violencia fue creciendo gradualmente. Ya a finales de los años ochenta, ocho de cada diez vascos opinaban que la violencia no era necesaria para conseguir objetivos políticos, una afirmación de la que solo se desmarcaba significativamente el electorado de HB; una década después, ese porcentaje se aproximaba al 90%, de modo que el apoyo a la violencia era minoritario, sin que ni siquiera abarcara a toda la izquierda *abertzale*.

Del mismo modo, se incrementó significativamente el rechazo frontal de la ciudadanía vasca hacia ETA: si en 1981 solo una de cada cuatro personas mostraba una actitud radicalmente contraria a la organización, para 1989 lo hacía casi una de cada dos y en 2010, en vísperas de la declaración del alto el fuego definitivo, lo hacían dos de cada tres. Mientras, en ese mismo periodo, las personas que elegían la opción "No sabe/no contesta" pasaron de representar casi el 50% del total al 16% a finales de los ochenta y al 2% en 2010; este cambio de tendencia puede ser fruto de que la ciudadanía vasca fue definiendo su posición con mayor claridad a medida que la democracia se consolidaba y su hartazgo hacia la violencia crecía, o fue perdiendo el miedo a verbalizar su postura. La opción de respuesta "Apoyo total", siendo siempre muy minoritaria, desapareció en 2010, mientras que las "legitimaciones indirectas" aumentaron su presencia y a finales de la primera década del 2000 fueron elegidas por una cuarta parte de la población. Por ejemplo, la cuestión "Fines sí/medios no" remite una determinada interpretación del planteamiento nacionalista para el que, aunque los métodos violentos resultasen condenables, los objetivos políticos que subyacían a las acciones armadas eran positivos y deseables; o, dicho de otro modo, la violencia era consecuencia de un problema político que había que resolver para que esta desapareciese. A su vez, la contraposición entre el pasado y el presente ("Antes sí y ahora no") se fundamentaba en la problemática diferenciación entre una ETA buena —la de la dictadura o la de los primeros años de la Transición— y una ETA mala —la que actuaba en democracia—.

TABLA 1

EVOLUCIÓN DE LA ACTITUD DE LA CIUDADANÍA ANTE ETA, 1981-2010

ACTITUD	1981	1983	1989	2003	2006	2010
Apoyo total	8	6	3	1	1	0
Justificación crítica	4	4	5	1	2	3
Fines sí/medios no	3	2	9	11	13	12
Antes sí/ahora no	12	6	15	14	17	12
Indiferentes	1	1	3	2	2	5
Da miedo	1	2	4	5	2	4
Rechazo total	23	41	45	64	61	62
No sabe/no contesta	48	28	16	2	2	2

Fuente: Elaboración propia a partir de datos extraídos de Euskobarómetro (series temporales).

Ni siquiera la juventud vasca mostró un apoyo cerrado y mayoritario a ETA. Es cierto que la organización y su entorno se afanaron en penetrar en los movimientos sociales (ecologista, antimilitarista, feminista, etc.) para instrumentalizarlos y dedicaron una atención preferente a la socialización de los jóvenes en sus consignas y estrategias de movilización. De este modo, trataban de mostrar que solo había una forma de ser joven y de actuar en defensa de la identidad y de los intereses del pueblo vasco: dentro de la izquierda *abertzale*, al servicio de sus formas cotidianas de movilización y dispuesto a cualquier tipo de "compromiso", incluido el uso de la violencia. Y, efectivamente, fueron sus cuadros juveniles los protagonistas indiscutibles de los actos de violencia callejera o *kale borroka* que marcaron decisivamente la socialización del sufrimiento y muchos de ellos terminaron formando parte de comandos de ETA. Pero también fueron fundamentalmente personas jóvenes quienes lideraron la movilización pacifista en contra de la violencia y, en concreto, la creación de Gesto por la Paz, que se convirtió para muchas de ellas en una auténtica escuela de democracia. De todos modos, la mayoría de la juventud vasca se mantuvo al margen, al igual que el conjunto de la ciudadanía, dominando en ella una posición que podía combinar el rechazo en privado hacia la violencia con la indiferencia pública.

Gesto denunciaba que esa ciudadanía vasca indiferente se comportaba como el "idiota moral", la figura que Nobert Bilbeny (2006) describía, más que como un transgresor deliberado del bien, como alguien que se ha "sustraído" a él, retirado en su fortaleza privada e indiferente a razones y hechos. Ana Rosa Gómez Moral decía que esta era "[...] una actitud muy alejada de la idea de responsabilidad moral indeclinable hacia los derechos del otro que propugna Levinas al decir 'yo soy responsable del otro sin esperar la recíproca, aunque me cueste la vida'" (Gómez Moral, 2013: 22). Quienes mantenían una actitud pasiva e indiferente no participaban de lo que Hannah Arendt denominaba el "mal radical" (por ejemplo, asesinatos, secuestros, extorsiones, etc.), pero sí contribuían al "mal banal", es decir, a la normalización de la violencia (Arendt, 1948). Para describir esta actitud, Gesto se hacía eco de las siguientes palabras de Gandhi: "Lo más atroz de las cosas malas de la gente mala es el silencio de la gente buena" (Gómez Moral, 2013: 21).

Finalmente, conviene subrayar que la pluralidad de planteamientos políticos también se dio en el seno de ETA y, sobre todo, de la izquierda *abertzale*, que experimentó disensiones internas y algunas fracturas precisamente por las discrepancias sobre el uso de la violencia. En plena Transición, se produjo la autodisolución colectiva de ETA político-militar de la mano de Euskadiko Ezkerra (EE), partido de su órbita ideológica que logró imponer su idea sobre la necesidad de abandonar la estrategia violenta debido, al menos en parte, a los riesgos que el fracasado golpe de Estado del 23F habían planteado a la consolidación de la democracia y del Estado autonómico. A finales de los ochenta, emergió Elkarri del propio seno de la izquierda *abertzale* como un movimiento social por el diálogo y el acuerdo. Para muchos de sus simpatizantes, ello no siempre supuso abandonar HB, pero sí mostrar una distancia con la coalición radical, ya que implicaba dejar de apoyar la violencia y trabajar en favor de su desaparición (Calleja, 1997: 140). A su vez, el surgimiento de Aralar en Navarra, que se presentó públicamente como partido político a comienzos de la primera década del 2000, ofreció a la ciudadanía vasconavarra la posibilidad de apoyar un proyecto político de izquierda *abertzale* que asumía un rechazo expreso hacia la violencia.

CONTRA LA LIMPIEZA IDEOLÓGICA Y LA PATRIMONIALIZACIÓN DE LOS MUERTOS

El mito de la homogeneidad del pueblo vasco sirvió no solo para hacer creer a determinados sectores de la población que la sociedad vasca no era plural, diversa, sino también para alimentar una polarización identitaria y política que dificultó el desarrollo de estrategias de interacción democrática imprescindibles para una convivencia pacífica entre diferentes. En los casos más extremos, este mito sirvió como coartada para justificar la eliminación de quien pensaba o sentía diferente, una limpieza ideológica que se convirtió en la máxima expresión de la negación de la pluralidad: "No todos los que viven en el País Vasco son 'verdaderos vascos'" (Zubero, 1998: 119-120). Lo que se logró con este mito fue convertir al "contrario" en "enemigo" o en "traidor" que debía ser expulsado de la propia comunidad y, por tanto, de los círculos de responsabilidad de la misma. Cualquier asesinato que ETA cometía tendía a ir precedido de un proceso de deshumanización, de cosificación de las víctimas, que Gesto por la Paz criticó con insistencia en términos de ausencia de reconocimiento de las mismas. Para la organización pacifista, en Euskadi el problema fue de reconocimiento, no de conocimiento (Aspuru, 2010: 60). La sociedad vasca no estaba dividida en bloques anónimos de personas enemigas que se desconocían. Eran vecinos, compañeros de clase, amigos, incluso primos o hermanos hasta que, en un determinado momento, una parte de ellos, fruto de la socialización en el odio, puso su vida al servicio de una causa y dejó de reconocer a todos los demás como personas que formaban parte imprescindible de las redes de interdependencia de su propia comunidad para pasar a verlos como agresores o enemigos de los que se debía prescindir.

> [...] la interdependencia social caracteriza a la vida, y [...] la violencia [es] un ataque contra esa interdependencia, un ataque contra personas, sí, pero quizá, de manera más fundamental, es un ataque contra [los] "vínculos". [...] uno es dependiente, se forma y se sostiene a partir de relaciones de las que depende y de las que también dependen otros. [...] la violencia contra el otro es violencia contra uno mismo [...] (Butler, 2020: 25-26 y 32).

Este fenómeno de polarización y expulsión se ilustra claramente en la actitud de la izquierda *abertzale* ante los muertos que ETA causaba y en la "patrimonialización" de sus "propios muertos". Por un lado, el continuo uso de expresiones como "El pueblo no perdonará" o "ETA, mátalos" para referirse a las víctimas de la organización mostraba que no solo las había expulsado de sus círculos de responsabilidad, sino que había un imperativo moral que obligaba a eliminarlas. Por otro, ETA y su entorno reclamaban que sus muertos (por ejemplo, activistas de la organización fallecidos como consecuencia de la explosión de un artefacto que manipulaban o a manos de las Fuerzas y Cuerpos de Seguridad del Estado o en prisión) eran solo suyos y no debían ser llorados por nadie más, ya que esto se interpretaba como una intromisión indebida en el dolor ajeno y una apropiación del mismo. Así lo ilustran los siguientes acontecimientos:

> [...] cuando explotó un coche en el barrio bilbaíno de Bolueta con cuatro miembros de ETA dentro, Santiago González, en nombre de un colectivo llamado Egia, Justizia eta Oroitzapena, publicó una carta en el diario *Gara* en la que decía que "Gesto por la Paz, hipócritamente, incluyó a nuestros familiares dentro de su 'ámbito de dolor' para después insultarlos diciendo que 'escogieron voluntariamente el camino de la violencia'" [...] Es más coherente quien como Basta Ya o los grupos "constitucionalistas" del Parlamento de Vitoria, recogiendo claramente una posición política, se limitan a homenajear a los suyos (Gómez Moral, 2002a: 87-88).

> Tras el asesinato del diputado electo de HB Josu Muguruza a manos de sectores de ultraderecha en Madrid en noviembre de 1989, la presencia de Gesto no fue bien recibida: "Nos atacaron. Nos quitaron la pancarta. Querían controlar los sentimientos y pensaban 'no puedes dolerte por un muerto que no es tuyo'" (Aspuru, en Olabarri, 2011).

Al manifestarse tras cualquier muerte ocasionada por la violencia de motivación política en Euskadi, Gesto reclamaba como propios todos los muertos y el derecho a dolerse e indignarse por la muerte de todos ellos; es lo que Butler quiere decir cuando afirma que todas las vidas son dignas de duelo, dignas de ser lloradas (2020). Este modo de enfrentarse radicalmente a la muerte pretendía combatir la doble moral subrayando que ninguna muerte era buena ni necesaria, ni siquiera la de quienes estaban en disposición de arrebatar la vida a los demás:

> Una doble moral según la cual el asesinato es crimen dependiendo de quién sea el asesino y quién el asesinado; las torturas hay que denunciarlas según quién sea el torturado; los derechos humanos deben ser exigidos dependiendo de para quién. En definitiva, la violencia es mala y rechazable, según quién la ejerza y contra quién la ejerza. [...] tenemos que seguir esforzándonos en concienciar y transmitir a la gente cuál es la auténtica filosofía de las concentraciones silenciosas: lamentar y denunciar que se ha perdido una vida más, independientemente de quién sea la víctima (Gesto por la Paz, 1995a).

CONTRA LA POLÍTICA FRENTISTA ENTRE NACIONALISTAS Y NO NACIONALISTAS

Este mito de la homogeneidad del pueblo vasco también alimentó una polarización en la vida política que, en determinados periodos históricos, tendió a marginar a las fuerzas políticas no nacionalistas. Su máxima expresión fue la firma del Pacto de Estella o de Lizarra (1998) tras el naufragio del Pacto de Ajuria Enea y la explosión del espíritu de Ermua después del asesinato de Miguel Ángel Blanco (1997). Este pacto, firmado entre fuerzas políticas, sindicatos nacionalistas, Izquierda Unida (IU) y Elkarri, buscaba sacar adelante su proyecto de autodeterminación sin tan siquiera exigir a ETA el cese previo de la violencia, y excluía a las fuerzas no nacionalistas de la deliberación política sobre el estatus jurídico-político de Euskadi. Entre estas fuerzas, el citado acuerdo fue considerado un proyecto de afirmación identitaria excluyente que ahondaba en las fracturas de la sociedad vasca al aplicar una política de hechos consumados que el Estado —que ni siquiera era reconocido como interlocutor— se vería forzado a aceptar. Algunos de los representantes de Gesto criticaron el sentido y alcance del pacto, porque, en vez de haber implicado un diálogo multilateral, se limitó a fomentar un proceso en clave soberanista (Urkiola, 2003: 71).

La dinámica frentista entre nacionalistas y no nacionalistas se mostró con extrema crudeza en la manifestación posterior al asesinato de Fernando Buesa —*exvicelehendakari* y líder de los socialistas alaveses— y de su escolta Jorge Díez (2000). Tal y como denunció Gesto, en ella se visibilizó la presencia de tres bloques: por un lado, quienes a los gritos contra ETA añadían insultos y críticas al nacionalismo vasco y pedían la dimisión del *lehendakari* Ibarretxe; por otro, quienes le mostraban su apoyo, y en medio, un grupo de Gesto que portaba distintos lemas, entre ellos el de "¿Qué país queremos construir, si contra el asesinato no vamos juntos?" (Zubero, 2002: 44).

Reflexiones de Txema Urkijo con motivo del 20 aniversario del asesinato de Fernando Buesa y de Jorge Díez (febrero del 2020)

Hoy se cumplen 20 años del episodio. Hago memoria; ese ejercicio de reconstrucción del pasado en la actualidad que me ayuda a reflexionar sobre el presente y también sobre el futuro [...] Ir en medio. Mitad ligazón de los dos bloques, mitad denuncia por su desunión. Fue probablemente la decisión más dolorosa de cuantas adoptamos en Gesto por la Paz de Euskal Herria. [...] También tengo muy viva la sensación de nerviosismo que se apoderó de nosotros en los instantes iniciales de la manifestación, cuando encontramos dificultades para acceder al recorrido y elegir la ubicación deseada, "en el medio". [...] Después fueron más las personas que nos confesaron su agradecimiento por haberles brindado la posibilidad de evitar la incomodidad de la división existente, pudiendo mantener su compromiso con la protesta pública por los asesinatos. Asistían entre incrédulos e indignados al paso de la parte de manifestación que confundió su objetivo, con gritos de apoyo al Lehendakari, en lugar de hacerlo condenando los asesinatos, contra ETA o, como siempre, con el simbólico silencio de protesta. Y al llegar nuestro pequeño grupo, lo engrosaban decididos y aliviados. [...] Con este triste episodio iniciamos esa etapa negra de división social ante la violencia, de duplicidad de concentraciones, a espaldas unos de otros, tras los asesinatos de ETA que protagonizó el trágico comienzo de siglo en Euskadi. [...] El principal escollo, lo que más nos dolió, fue no estar con los familiares de los asesinados. Antepusimos nuestra responsabilidad y la convicción de que hacíamos lo correcto, a la compañía y la solidaridad incondicional con los familiares de Fernando y de Jorge.

[…] No podíamos asistir impasibles a la dilución del objetivo más preciado del Pacto de Ajuria Enea, largamente perseguido y tortuosamente alcanzado. Aparecía de nuevo la línea de división y separación entre nosotros. Un paso atrás del que solo podían obtener beneficio quienes apostaban por la continuidad del terror. […] Hoy, cuando demandamos reflexión autocrítica para pasar página sanando heridas del pasado, algunos deberían sentirse interpelados por su conducta en aquellos días. El espejo de la memoria les devolverá imágenes poco amables. Primaron orgullos personales e intereses partidistas, en un momento en que la prioridad máxima solo podía ser la condena sin paliativos del crimen y la solidaridad con las víctimas del mismo. Y la sociedad vasca ganaría si esa autocrítica se hiciera con la misma publicidad con la que cometieron sus errores.

Fuente: https://n9.cl/ruq9c.

LOS FINES JUSTIFICAN LOS MEDIOS

ETA entendía la violencia como justificada e incluso virtuosa. Sin embargo, desde una perspectiva ética, el uso de la violencia es ilegítimo e injusto porque instrumentaliza a las personas (sus víctimas), las trata como objetos manipulables que pueden ser sacrificados al servicio de una causa determinada. De este modo, se contraviene el principio kantiano de que toda persona es un fin en sí mismo, que puede decidir con autonomía qué quiere hacer con su vida, y no un medio al servicio de los fines que establezcan otros. Gesto señalaba la contradicción de que ETA y su entorno defendiesen en abstracto valores como la vida, la libertad, el pueblo o la cultura, y que, a la vez, atentaran contra la concreción de esos mismos valores en los derechos a la vida, a la libertad y a la dignidad de las personas que consideraban contrarias a su proyecto político. Dentro de ese macabro juego, los estrategas de la violencia buscaban deshumanizar a las víctimas, pero, como Gesto explicitaba, hacían otro tanto con sus activistas. El acto violento implicaba la deshumanización previa del victimario, que aceptaba morir matando porque existía otra instancia más sagrada, la supervivencia de todo un pueblo. Esta concepción subyacía a conocidos lemas como el de "Morir por Euskal Herria, matar por España".

Además, una comprensión crítica de la relación entre medios y fines muestra la mentira de la supuesta eficacia política de la violencia porque el uso de medios indeseables o "sucios" termina corrompiendo fines *a priori* loables. Esto era especialmente claro en la manera en que ETA y su entorno defendían la autodeterminación y la independencia de Euskadi, pero también se evidenció sistemáticamente en la cooptación de diversos movimientos sociales para poner sus causas al servicio de su proyecto político, tratando de controlar sus discursos y a sus activistas. Como consecuencia, se generaron profundas fracturas en el seno de esos movimientos y buena parte de sus simpatizantes, que no comulgaban con el uso de medios violentos o con la lectura soberanista del problema, se desmovilizaron.

> [...] aparte de los ataques al Estado, sin distinguir que fuera el franquista o el democrático, ETA y el entramado político que la apoyaba, no dejaban de interferir en muchas de las legítimas causas sociales que se multiplicaban en nuestra sociedad de entonces. Siempre cumplieron a rajatabla la estrategia de fagocitar cualquier movimiento social nuevo, como ocurrió con el ecologismo, cuyo trabajo, limpio y esforzado, en contra de la construcción de la central nuclear de Lemóniz quedó sepultado en cuanto ETA se apropió de la causa para teñirla de luto. Y, si se les resistía, creaban uno paralelo de corte nacional con el fin de hacerse presente en los problemas ciudadanos y ganarse, así, la aquiescencia de la gente (Gómez Moral, 2013: 19).

Reflexiones como estas llevaron a Gesto a emplear en sus movilizaciones eslóganes clásicos de Gandhi como: "No hay caminos para la paz, la paz es el camino" y "Los medios están en los fines como la semilla en el árbol". Gómez Moral retomó estas ideas para denunciar que ETA trata "[...] de justificar los medios violentos por la justicia de sus fines, en lugar de garantizar la justicia de los fines mediante la legitimidad de sus medios" (Gómez Moral, 1997).

Aunque en un principio la denuncia de la organización pacifista tendía a centrarse en el uso de la violencia (los medios), con el tiempo y la ampliación e intensificación de la amenaza, cuestionó también explícitamente el carácter totalitario del proyecto de ETA (sus fines), estableciendo paralelismos con otras propuestas ilegítimas que socavaban los derechos humanos y los valores democráticos:

> No era legítimo el nazismo [...] No es legítimo, por más que actúe de forma pacífica, un proyecto político racista, o que proponga discriminaciones a minorías —o mayorías— étnicas, religiosas, etc. Lo que se ha dicho de los fines resulta aún más claro cuando se aplica a los medios. Si no aceptamos la discriminación de las minorías como objetivo, [...] mucho menos la admitiremos al verla en la práctica. [...] La separación entre los medios y los fines no es factible en la práctica [...] La dinámica violenta contamina de tal forma la praxis política que resulta imposible separarlos (Urrutia, 1997).

Finalmente, la ineficacia de la violencia se puso de relieve en el hecho de que, en lugar de solucionar ningún conflicto, se convirtió en un fin en sí mismo que terminaba creando una realidad a su medida, es decir, más violenta. Butler alerta con elocuencia sobre este riesgo:

> [...] ¿Es posible que la violencia se limite a ser un mero instrumento o medio para derrotar la violencia —sus estructuras, sus regímenes— y no se vuelva un fin en sí misma? [...] el empleo de la herramienta construye o reconstruye una clase particular de mundo y activa un legado sedimentado en su uso. Cuando cualquiera de nosotros comete actos de violencia, está construyendo, con esos actos y por medio de ellos, un mundo más violento [...] (Butler, 2020: 21 y 27).

En el caso vasco, se produjo esa conversión de la violencia en un fin en sí mismo. El sacrificio y el martirologio del que ETA y su entorno revestían al victimario hacían hincapié en el carácter purgativo, autoafirmativo y regeneracionista de la violencia: "Euskadi no admite la existencia de héroes vivos, pero venera a sus héroes muertos y de su sangre vertida saca nuevos alientos para seguir luchando" (KAS, 1979). En palabras de Gesto, el legado del "mártir" se expresaba en el volumen de "sacrificios" que había realizado. Por tanto, no era la doctrina la que justificaba la sangre derramada, sino esta la que representaba el aval indiscutible de la bondad y moralidad de la causa: "Solo se rinde homenaje al martirio propio [...] las personas no tienen más sentido que el de la medida del sacrificio con que puedan mostrar su pureza ideológica" (Gómez Moral, 2002b: 18; 2004: 21). Zubero describía cómo funcionaba esta lógica dentro de ETA y de la izquierda *abertzale* para que no quedase al desnudo la realidad de que las muertes no eran más que asesinatos:

> [...] cuando el victimario pretende enarbolar objetivos políticos para justificar la violencia cae en una espiral siempre descendiente. Al mantener la idea de que la violencia es imprescindible para alcanzar determinados logros (también imprescindibles), al no alcanzarlos se ve forzado a perfeccionar cada vez más su capacidad de violencia. ¿Por qué torturas y matas? Porque es necesario para alcanzar mis objetivos políticos. ¿Por qué sigues torturando y matando? Porque hasta ahora no los he conseguido y si ahora dejara de hacerlo no sería distinto de un *serial killer* (Zubero, 1998: 122).

ACTIVIDAD 4

Quienes se oponían a la violencia en Euskadi señalaban lo absurdo de la contradicción en la que caían ETA y su entorno al defender "la lucha por el derecho a la autodeterminación del pueblo vasco" mediante el uso de una violencia que lo que hacía era negar radicalmente el derecho a la autodeterminación individual de algunos de los miembros de ese pueblo, en especial, de aquellos que se querían "autodeterminar" en un sentido contrario al suyo.

- ETA y la izquierda *abertzale* no consideraban que hubiera tal contradicción. ¿Cómo lo argumentaban?
- ¿Qué piensas tú? ¿Estás de acuerdo con Gesto en que existe esa contradicción? ¿Por qué?
- ¿Esta contradicción revela la ilegitimidad del uso de la violencia?

LA NECESIDAD Y LA INEVITABILIDAD DE LA VIOLENCIA

Este mito consiste en la creencia de que la violencia es necesaria e inevitable, es decir, que solo mediante ella se puede afrontar la supuesta dominación y represión que sufría el pueblo vasco y lograr los objetivos políticos de autodeterminación e independencia. Así se justifica no solo la necesidad de la violencia, sino incluso su "virtud moral" en cuanto posibilitadora de fines loables, y su eficacia política. Dicha creencia se apoya en la convicción de que existe un imperativo histórico que dirige a un pueblo en una dirección determinada para cumplir con su misión y realizar la esencia de su carácter o de su destino. ETA se veía a sí misma como continuadora de la resistencia de los *gudaris* del 36 —soldados afectos al PNV que luchaban en favor de la República— y heredera de una misión histórica inconclusa.

> Este ciclo ha comprendido más de medio siglo. Históricamente puede equipararse con las guerras carlistas, o echando la vista más atrás, con la lucha contra la conquista de Nafarroa. ¿Existe un hilo común entre ellas? Un pueblo comprometido en la lucha por recuperar los instrumentos y las instituciones de soberanía perdidos: ese es el hilo común. En defensa del Estado perdido, en defensa de los fueros perdidos, en lucha contra el fascismo o en lucha por la independencia. Es la historia de un pueblo que ha sabido organizar su resistencia ante la negación llevada a cabo contra nuestra identidad por los Estados español y francés [...]. Por otra parte, aunque ha querido vivir en paz, somos un pueblo que en varios momentos de la historia se ha visto obligado a tomar las armas para hacer frente a la opresión armada a que se le ha solido someter en nombre de la unidad de España (Soto, 2019: 51).

Por ello, ante el sentido ineludible de dicho compromiso, si se estimaba que los medios violentos eran necesarios para vencer los obstáculos que se interponían en el camino, su uso estaba más que justificado.

Sin embargo, no existe tal imperativo histórico que obligue a ninguna persona a utilizar la violencia. Como señala Galtung (2000), el uso de la violencia es siempre una decisión deliberada en la que se elige marginar, prescindir o eliminar al "Otro" al que se considera un obstáculo para conseguir los propios objetivos; en el caso de ETA, los réditos políticos que la voluntad popular y la democracia no proporcionaban. Gesto insistía en que en un marco democrático se podía trabajar por resolver cualquier conflicto dentro o fuera de las instituciones, pero nunca contra ellas. Porque, de lo contrario, caeríamos en un peligroso historicismo según el cual existe una razón o derecho natural o histórico que no debe someterse a ningún juicio crítico ni a las evidencias históricas (Gesto por la Paz, 1994: 14). Precisamente, al profundizar en las raíces del totalitarismo, Arendt (1948) se fijaba en una variable que proporciona a cualquier cosmovisión ideológica (nacionalista, socialista o religiosa) un potencial violento cuando pretendía socializarse y hacerse con el poder, la que reivindicaba que determinadas leyes "sagradas" y esenciales debían realizarse ineludiblemente, y ello exigía la eliminación de las personas o colectivos opuestos a las mismas.

Gesto argumentaba que la violencia de ETA no era el resultado de un contexto histórico, sino el fruto de un determinado análisis político de la realidad vasca que se caracterizaba por (Zubero, 1998: 116-120):

- Su totalitarismo. Perspectiva ahistórica y acrítica que pretendía remodelar la sociedad de acuerdo a un determinado plan y modelo. Si la sociedad se resistía, el problema estaba en ella ("manipulada", "acomodada", "vendida", "traidora"), y no en ETA y su entorno. Las prácticas de las contramanifestaciones, las amenazas y los atentados a sedes de los partidos, a todo aquello que fuera estigmatizado como "antivasco" (equivalente a "español") eran ejemplos de esta visión.
- Su incapacidad para el reconocimiento de la pluralidad de la ciudadanía. No todos los que vivían en el País Vasco eran "verdaderos vascos"; más aún, no todos alcanzaban el grado de personas.

- Su irresponsabilidad. La culpa siempre era de otros. Su autopercepción como víctima absoluta les liberaba de su condición de victimarios y, por tanto, les eximía de cualquier responsabilidad.

Lo que muestra este planteamiento de Gesto es que el contexto fue, de hecho, un pretexto para justificar el uso de la violencia con el fin de eliminar la discrepancia y la disidencia.

El mito sobre la necesidad de la violencia se nutre también de una visión de los conflictos como algo negativo que hay que eliminar. Si entendemos el conflicto como una grave enfermedad o degeneración que, además, la provoca el "Otro" y que hay que extirpar, la violencia no solo es necesaria, sino el único tratamiento efectivo para acabar con él. Por el contrario, de acuerdo con Gesto, si el conflicto se reconoce como un fenómeno natural, inherente a la condición humana y a las relaciones sociales complejas y plurales, el diálogo democrático se convierte en la herramienta necesaria para gestionarlo. Por eso, Gesto decía que la verdadera enemiga de la violencia era la palabra. Consideraba que el diálogo debía primar en la vida política, económica, social, etc., como elemento consustancial al funcionamiento democrático. Su modelo de diálogo, inspirado en el espíritu del Pacto de Ajuria Enea (1988), insistía en que ETA no podía ser interlocutora de ningún proceso de diálogo sobre cuestiones políticas y que la paz no tenía precio político, pero también que todas las ideas políticas debían poder expresarse democráticamente en el marco parlamentario.

> [...] No es justo que se le dé a ETA una representatividad que no le corresponde en virtud de los asesinatos que ha cometido. [...] (Gesto por la Paz, 1993: 9).

> [...] Con ETA solo se podrá hablar del abandono definitivo de las armas y de aquellas cuestiones que afectan a sus integrantes, atendiendo siempre a la legalidad vigente. [...] El futuro político de esta sociedad le corresponde decidirlo [...] a las instituciones, a las fuerzas políticas y a la sociedad en general [...] (Gesto por la Paz, 2006: 72).

Respecto del estatus jurídico-político de Euskadi, Gesto consideraba que el mínimo común denominador entre las diferentes sensibilidades políticas era el Estatuto de Autonomía de Gernika que se aprobó en referéndum en 1979 con una participación del 59% del censo electoral y un 90% de votos a favor. Para la organización pacifista, cualquier modificación de dicho estatuto debía concitar la misma o mayor adhesión y seguir los procedimientos democráticos legalmente establecidos.

> [...] El futuro no puede construirse con la amenaza, la presión y el asesinato; sino a través del diálogo, el convencimiento y la democracia. Y no olvidemos que no todos los conflictos tienen solución, pero sí que con ellos tenemos que convivir y hacerlo de la mejor manera para la mayoría de la sociedad. [...] (Gesto por la Paz, 2012: 45).

Gesto fue modificando su posición respecto de los límites del diálogo. Durante la etapa de vigencia de Ajuria Enea, la organización pacifista defendía que no se podía dialogar con ETA, pero sí con HB —entonces fuerza política legal y con representación parlamentaria—. No obstante, reclamaba a HB que potenciase su legitimidad desligando sus reivindicaciones políticas de las prácticas violentas. Tras el fracaso del Pacto de Estella (1998), la efervescencia de la violencia de persecución, la ilegalización de las distintas marcas electorales de la izquierda *abertzale* y el atentado de Barajas que puso fin a la tregua del 2006, Gesto consideró que, si bien el diálogo sin exclusiones era un objetivo muy loable, la izquierda *abertzale* no había acreditado su autonomía respecto de ETA, de forma que ella misma se inhabilitaba para la vida política:

> Quienes durante años han justificado y apoyado a ETA tienen una oportunidad inmejorable de desmarcarse de la violencia y de deslegitimar una forma de lucha absolutamente inmoral y que ha causado un infinito dolor a miles de personas. No hacerlo, continuar sometidos a quienes tienen las pistolas y, consecuentemente, compartir su estrategia, les convierte directamente en sus cómplices. Esto supone que se autoexcluyen para el juego democrático y para la vida

> política. De este modo, su aportación al presente y al futuro de nuestro país será nula (Gesto por la Paz, 2007).

Casi 15 años después del alto el fuego definitivo, confirmamos que, como Gesto anticipaba, terminar con la violencia solo dependía de la voluntad de quienes la practicaban. Cuando esa voluntad se produjo, aunque fuera por estrategia y no por convicción ética, el conflicto político se ha reconducido y se está gestionando por cauces que no implican merma de la democracia (Gómez Moral, 2012: 55).

LA VIOLENCIA COMO RESPUESTA

Según este mito, el conflicto violento que se ha vivido en Euskadi en los últimos 50 años es un episodio más de una "guerra" secular entre el "pueblo vasco", considerado como una entidad homogénea y uniforme, y los Estados español y francés, vistos estos como agentes externos que ocupan indebidamente el territorio vasco y oprimen a su población. Para difundirlo y socializarlo, la izquierda *abertzale* recurrió con frecuencia al uso de paralelismos en función de los cuales Euskadi sería como la aldea irreductible de Astérix y Obélix, mientras que España y sus fuerzas de seguridad serían como las legiones romanas que querían subyugar a los galos y acabar con su independencia. Así se refleja en distintos cómics de su vanguardia juvenil:

> *They are a idealist persons*, nuestro *money* no interesar, ¡*They pretend the nacionalization!* ¿Y si les obligamos a arrepentirse a los subversivos? Los vascos no se arrepienten de nada, que son vascos *eta kitto*. Usemos la fuerza del ejército [...] ¡Ja! en 2000 años de invasión, los invasores desaparecen [...] Igualito, igualito que en los tebeos de Asterix que lee mi hijo [...] *Hauxe da gure alternatiba: JO TA KE IRABAZI ARTE!* (Jarrai, 1985: 1-7).

Asimismo, se hicieron paralelismos indebidos entre el caso vasco, el irlandés y el palestino e incluso, sobre todo durante la

Transición y los primeros años de la democracia y fundamentalmente por parte del sector eclesial afín a la izquierda *abertzale*, entre el pueblo vasco y el pueblo de Israel. La identificación del pueblo vasco con los sectores pobres le atribuía los rasgos de un ser colectivo victimizado, oprimido nacional y socialmente y elegido, ideas que encajan con el mensaje bíblico de la liberación a la luz del Éxodo y con la concepción de Euskadi en cuanto país colonizado que llevaba a cabo una lucha sin tregua para conseguir su emancipación revolucionaria.

> No olvidemos la experiencia del éxodo del Pueblo de Israel: Dios sacó de Egipto y liberó a su Pueblo. Nuestra fe y nuestra Iglesia también han de asumir la liberación nacional de Euskadi en todas sus dimensiones (Cuadernos de Teología Popular, 1977: 50-64).

Con este tipo de representaciones se buscaba asentar la imagen de un pueblo oprimido y victimizado que, por ello, tenía el derecho o la obligación moral de recurrir a la violencia para liberarse del yugo. Así, se presentaba el uso de la violencia como una mera respuesta legítima a la violencia originaria y estructural de los Estados español y francés. En una de sus últimas entrevistas, ETA afirmaba:

> Hemos de decir claramente que no fuimos nosotros quienes trajimos la violencia a este pueblo. No fuimos a la guerra; la guerra nos la trajeron. Para cuando la organización decidió llevar a cabo la primera acción contra una persona, contra el torturador fascista Melitón Manzanas, para entonces el Estado ya había golpeado duramente a la resistencia vasca, y ya se contaban los muertos mediante torturas, ametrallados a sangre fría o en enfrentamientos armados. Tampoco hemos de olvidar, además, que para cuando la organización decidió responder con las armas nuestro pueblo llevaba años sometido a una violencia permanente. Surgimos de las llamas de Gernika, somos hijos e hijas de Gernika (Soto, 2019: 93-94).

Este mito caló en sectores significativos de la sociedad vasca, particularmente en los primeros años de la Transición, cuando los últimos estados de excepción de la dictadura, que se cebaron especialmente con Euskadi, parecían avalar la tesis de la ocupación. Ya Sabino Arana, fundador del nacionalismo vasco, había defendido en sus primeros escritos esta tesis. No obstante, en los años sesenta y setenta del siglo XX, ETA la tomó fundamentalmente de ideologías izquierdistas tercermundistas de liberación nacional de los países que habían luchado por su independencia de los imperios coloniales. Posteriormente, la guerra sucia (1975-1981 y 1982-1987) —mediante la cual el Estado español combatió ilícitamente a ETA— alimentó el victimismo de la organización y de su entorno y la supuesta legitimidad de la violencia de respuesta (Castells y Sáez de la Fuente, 2025).

Una de las principales formas con las que Gesto trató de cuestionar el mito de la violencia de respuesta fue mediante la diferenciación entre política y violencia o entre conflicto identitario-político y conflicto violento. Los conflictos resultaban consustanciales a la vida de las personas y de las sociedades. La cuestión clave radicaba en cómo se gestionaban. En Euskadi había dos tipos de conflictos, el político-identitario y el violento, pero la relación entre ambos no era necesaria. El conflicto político-identitario lo debían abordar los representantes legítimos de la sociedad vasca haciendo uso de los medios políticos democráticos. La opción por la violencia no era más que eso, una opción entre otras posibles amparada en una cosmovisión totalitaria que buscaba justificar o, al menos, explicar la persistencia de la violencia transfiriendo a otros la responsabilidad de su ejercicio. Como Gesto afirmaba: "Nunca hubo una violencia justificada por la otra: ni la de ETA justificó la violencia indebida del Estado, ni esta fue justificada por la existencia de ETA" (Gesto por la Paz, 2011: 66).

Cuando, a mediados de los años noventa, ETA decidió ampliar sus objetivos, matando no solamente a miembros de las Fuerzas y Cuerpos de Seguridad del Estado, sino también a políticos no nacionalistas, profesionales liberales, docentes, periodistas, magistrados, etc., es decir, a todos aquellos que manifestaran opiniones contrarias a su proyecto político y al uso de la violencia para defenderlo, se inició un nuevo ciclo de violencia. La organización retomó una actividad armada que ya había desarrollado en los años de la Transición, cuando acabó con la vida de miembros de la UCD y de Alianza Popular (AP). La derecha española, que casi había llegado a desaparecer en el País Vasco, empezó a conseguir resultados electorales representativos de una parte de la sociedad que hasta ese momento había quedado oculta. La socialización del terror de finales de siglo desencadenó una auténtica limpieza ideológica que también pretendía atemorizar a los votantes de partidos no nacionalistas. Cuando Gesto acuñó el término *violencia de persecución* para caracterizar este nuevo tipo de violencia demostró con otro argumento la falsedad del mito de la violencia de respuesta. Porque la violencia de persecución buscaba acabar con la pluralidad de la sociedad vasca y diseñar y producir una realidad ideológica, política y sociológica radicalmente distinta a la existente. De ningún modo se podría sostener que se tratara simplemente de responder a una supuesta "agresión".

ACTIVIDAD 5

Gesto se distinguió por la fuerza simbólica del silencio de sus manifestaciones y por la elocuencia de los eslóganes de sus pancartas. Con gran creatividad, estos eslóganes lograban captar en pocas palabras la esencia de las principales claves de su ideario. A continuación, se reproducen algunos de ellos:

- "Aquí no sobra nadie".
- "Si te amenazan, nos agreden".
- "Hablo, luego existo".
- "Si la democracia mata, la democracia muere".
- "¿Qué país queremos construir, si contra el asesinato no vamos juntos?".
- "No hay caminos para la paz, la paz es el camino" (adoptado de Gandhi).

Teniéndolos en cuenta, trata de responder a las siguientes preguntas:

- Si tuvieras que explicarle a otra persona qué era Gesto a partir de estos eslóganes, ¿cómo lo harías? Elabora un párrafo breve en el que expliques lo que crees que la organización pacifista quería decir con cada uno de ellos.
- ¿Estás de acuerdo con sus planteamientos? ¿Por qué?
- ¿Crees que algunos de ellos son relevantes hoy? ¿Por qué?

BIBLIOGRAFÍA

ARENDT, Hannah (1948): *The origins of totalitarianism*, Orlando (Florida), Harcourt Brace & Company.

ARTETA, Aurelio (2012): *Tantos tontos tópicos*, Barcelona, Ariel.

ASPURU, Itziar (2005): "Los discutible y lo intolerable", *Bake Hitzak*, 42, pp. 42-47.

— (2010): "Construcción de la convivencia tras el fin de la violencia", *Bake Hitzak*, 79, pp. 59-63.

BAKE HITZAK (2002): "Dimisión de concejales en la CAV y Navarra", *Bake Hitzak*, 46, pp. 16-18.

BILBENY, Norbert (2006): *El idiota moral*, Barcelona, Anagrama.

BUTLER, Judith (2020): *La fuerza de la no violencia. La ética en lo político*, Buenos Aires, Paidós.

CALLEJA, José María (1997): *Contra la barbarie. Un alegato en favor de las víctimas de ETA*, Madrid, Temas de Hoy.

CASTELLS, Luis y SÁEZ DE LA FUENTE, Izaskun (2025): *Guerra sucia y abusos de poder: la quiebra de los imperativos morales*, Madrid, Los Libros de la Catarata-Deusto.

CUADERNOS DE TEOLOGÍA POPULAR, *Boletín de Comunidades Cristianas y Cuadernos de Teología Popular*, 1976-1978.

CUESTA, Cristina (2017): "Fuimos ingenuos, osados y perseverantes", *El asterisco*, en https://n9.cl/w35n7.

EL PAÍS (2000): "Los violentos destrozan a hachazos el 'Bosque pintado' de Ibarrola", *El País*, 20 de mayo, en https://n9.cl/k3rc4.

EUSKOBARÓMETRO, Series temporales, 1981-2010.

FUNES RIVAS, María Jesús (1998): *La salida del silencio. Movilizaciones por la paz en Euskadi, 1986-1998*, Madrid, Akal.

GALTUNG, Johan (2000): *Conflict transformationby peaceful means: The Transcend method*, Nueva York, United Nations.

GESTO POR LA PAZ (1993): "Los movimientos sociales por la Paz en Euskal Herria: Coordinadora Gesto por la Paz de Euskal Herria", *Bake Hitzak*, 3, pp. 9-10.

— (1994): "Conversaciones", *Bake Hitzak*, 8, pp. 7-19.

— (1995a): "El reto de construir una sociedad reconciliada", *Bake Hitzak*, 14, pp. 10-11.

— (1995b): "El trabajo por la paz en Euskal Herria. Situación actual y propuestas de futuro".
— (2000a): "Ley de Solidaridad con Víctimas del terrorismo", *Bake Hitzak*, 39, pp. 44-46.
— (2000b): "Retoños de futuro", *Bake Hitzak*, 39, pp. 50-51.
— (2000c): "La Coordinadora Gesto por la Paz de Euskal Herria ante la violencia de persecución".
— (2002): "La labor del pacifismo vasco: ética y política", *Bake Hitzak*, 46, pp. 48-49.
— (2003a): "Acto contra la violencia de persecución", *Bake Hitzak*, 57, p. 58.
— (2003b): "Mehatxupean/Perseguidos".
— (2006): "Análisis de la situación actual: aportaciones", *Bake Hitzak*, 62, pp. 71-72.
— (2007): "Necesitamos otro lema", *Bake Hitzak*, 64, p. 48.
— (2011): "Las víctimas de actuaciones indebidas del Estado en la lucha antiterrorista".
— (2012): "Convocatoria de la manifestación Lortu dugu. El futuro es nuestro", *Bake Hitzak*, 84, pp. 44-46.
Gesto por la Paz y Elkarri (2004): "Manifiesto conjunto sobre la violencia de persecución".
Gómez Moral, Ana Rosa (1995): "Secuestrados", *Bake Hitzak*, 11, pp. 16-17.
— (1997): "Blanco para la paz", *Bake Hitzak*, 26, p. 4.
— (2002a): "El vientre del filósofo", *Bake Hitzak*, 46, pp. 46-47.
— (2002b): "Contra todas las muertes", *Bake Hitzak*, 48, pp. 86-88.
— (2007): "Hoy, gesto por la paz", *Bake Hitzak*, 64, pp. 58-59.
— (2012): "El futuro es nuestro", *Bake Hitzak*, 84, pp. 54-55.
— (2013): *Un gesto que hizo sonar el silencio*, Bakearen Aldeko Koordinakundea, Euskal Herria.
Iglesias, María Antonia (2009): *Memoria de Euskadi. La terapia de la verdad: todos lo cuentan todo*, Madrid, Aguilar.
Jarrai (1985): *La poción mágica*, pp. 1-7.
Kas (1979): "Dossier monográfico sobre Argala".
Moreno, Irene (2019): *Gestos frente al miedo*, Madrid, Tecnos.
Olabarri, David S. (2011): "Veinticinco años de gestos por la paz", *El Correo*, 2 de noviembre.
Rivera, Antonio y Sáez de la Fuente, Izaskun (2024): *La sociedad vasca: ¿pluralidad sin pluralismo?*, Madrid, Los Libros de la Catarata-Deusto.
Sáez de la Fuente, Izaskun (2004): "El debate político en torno al diálogo en el contexto vasco", en Galo Bilbao, Xabier Etxeberria, Izaskun Sáez de la Fuente y F. Javier Vitoria, *Conflictos, violencia y diálogo. El caso vasco*, Bilbao, Universidad de Deusto, pp. 139-200.
— (2011): *Informe sociológico sobre testimonio de las víctimas*, Bilbao, Bakeaz.
— (2013): "El drama de la violencia de persecución en el País Vasco", en Galo Bilbao, F. Javier Merino e Izaskun Sáez de la Fuente, *Gesto por la Paz. Una historia de coraje cívico y coherencia ética*, Bilbao, Universidad de Deusto, pp. 139-200.
Soto, Iñaki (2019): *La última entrevista con la dirección de ETA*, Tafalla, Txalaparta.
Unzeta, Koldo (2001): "Cambio de actitudes", *Bake Hitzak*, 42, pp. 43-45.
Urkiola, Mikel (1999): "Gesto, ¿por qué paz?", *Bake Hitzak*, 35, pp. 34-35.
— (2003): "Liberar la política de la imposición terrorista para transformar de forma no violenta el conflicto vasco", *Bake Hitzak*, 51, pp. 69-76.
Urrutia, Ignacio (1997): "Fines lícitos, medios perversos", *Bake Hitzak*, 26, pp. 32-33.

Zubero, Imanol (1998): "Política y violencia en Euskal Herria", en Aurelio Arteta, Demetrio Velasco e Imanol Zubero, *Razones contra la violencia. Por una convivencia democrática en el País Vasco*, vol. II, Bilbao, Bakeaz, pp. 115-155.
— (2002): "Transformaciones en la movilización social en Euskadi. De los movimientos por la paz a los movimientos por la libertad", *Bake Hitzak*, 45, pp. 33-49.

CATARATA

Deusto
Centro de Ética Aplicada
Etika Aplikatuko Zentroa

IZASKUN SÁEZ DE LA FUENTE ALDAMA

Deustuko Unibertsitateko Etika Aplikatuko Zentroko ikertzailea eta irakaslea da. Zientzia Politikoetako eta Soziologiako doktoregoa (Zientzia Politikoetako espezialitatean) lortu zuen Euskal Herriko Unibertsitatean 2001ean. *El Movimiento de Liberación Nacional Vasco, una religión de sustitución* (2002) izenburuko tesia eginda. Gatazkei eta Bake Kulturei buruzko ikerrildoan, Euskadiko motibazio politikoko indarkeriari lotutako prozesu sozial, politiko eta kulturalak aztertzen ditu, motibazio etiko-politiko argiarekin, biktimei leku nagusia emanez. 2018an sortu zenetik, Euskadiko Memoriaren, Historiari buruzko Hezkuntzaren eta Bakearen Eraikuntzaren inguruko Ikaskuntza Komunitatean parte hartzen du. Aurretik, "Memoria, etika eta justizia: ETAren estortsioa eta indarkeria enpresa munduaren aurka (2012-2016)" diziplinarteko proiektua zuzendu zuen. Proiektu horrek DU-Banco Santander Ikerketa Sariaren Akzesita lortu zuen (2017), eta agenda publikoan jarri du ETAren indarkeriaren barruan bereziki ikusgaitza izan den dimentsio bat.

Research ID: Web of Knowledge: R-1052-2018/ orcid.org/0000-0001-9099-2653.

ÁNGELA BERMÚDEZ VÉLEZ

Deustuko Unibertsitateko Etika Aplikatuko Zentroko ikertzaile nagusia da. Gatazkei eta bake kulturei buruzko ikerrildoa eta Euskadiko Memoriaren, Historiari buruzko Hezkuntzaren eta Bakearen Eraikuntzaren inguruko Ikaskuntza Komunitatea zuzentzen ditu. Bere ikerlanetan, sakon aztertu du historiari buruzko hezkuntzak, ingurune formaletan zein informaletan, nola sustatzen edo eragozten duen indarkeria politikoaren ulermen kritikoa eta, ondorioz, bakearen eraikuntza. Harvard Unibertsitateko Hezkuntza Eskolan lortu zuen doktoregoa 2008an, gazteek auzi sozial eta politikoen eztabaidan nola hartzen zuten parte ikertuta. Horren aurretik, Kolonbian lan egin zuen, bertako curriculum eta baliabide didaktikoak diseinatzen, irakasleak trebatzen, gazteei irakasten eta hezkuntza historiko, demokratiko eta etikoaren inguruan ikertzen. Hainbat erakunde aholkatu ditu: Kolonbiako Hezkuntza Nazionaleko Ministerioa, Bogotako Hezkuntza Idazkaritza, Amerikako Estatuen Erakundea, Iberoamerikako Estatuen Erakundea (OEI) eta Goi Mailako Hezkuntza Sustatzeko Kolonbiako Institutua (ICFES). Irakasle izan da, besteak beste, Deustuko Unibertsitatean (Bilbo), Northeastern Unibertsitatean (Boston), Harvard Unibertsitatean (Cambridge), Unibertsitate Javerianoan (Bogota) eta Gizarte Zientzien Latinoamerikako Fakultatean (FLACSO, Buenos Aires).

Research ID: Web of Knowledge: H-1290-2011/ orcid.org/0000-0002-5269-6420.

Izaskun Sáez de la Fuente Aldama
eta Ángela Bermúdez Vélez

Ez nire izenean

BAKEAREN ALDEKO KOORDINAKUNDEA INDARKERIAREN AURKA

Izaskun Sáez de la Fuente eta Ángela Bermúdez
(bildumaren editoreak)

Itzultzailea: Sara Muniozguren, Itzulpen
eta Hizkuntza Laguntzako Zerbitzua – Deustuko Unibertsitatea

EUSKADIKO GATAZKAREN ETA INDARKERIAREN MEMORIA ETA HISTORIA BILDUMA.

BILDUMA HAU EUSKO JAURLARITZAK ETA DEUSTUKO UNIBERTSITATEAK BIZIKIDETZA, GIZA ESKUBIDE ETA ANIZTASUNAREN PLANA (2021-2024) GARATZEKO SINATUTAKO HITZARMENAREN BABESPEAN EGIN DA.

AZALAREN DISEINUA: MIKEL LAS HERAS

ITZULTZAILEA: SARA MUNIOZGUREN, ITZULPEN ETA HIZKUNTZA LAGUNTZAKO ZERBITZUA – DEUSTUKO UNIBERTSITATEA

EZ NIRE IZENEAN. BAKEAREN ALDEKO KOORDINAKUNDEA INDARKERIAREN AURKA

ISBN: 978-84-1067-304-5
DEPÓSITO LEGAL: M-9.891-2025
THEMA: JPWL/JBKF/JPWS

INPRIMATZAILEA: ARTES GRÁFICAS COYVE S.L.

AURKIBIDEA

BILDUMARI BURUZ

Euskadi Ta Askatasunak (ETA) behin betiko su-etena iragarri zuenetik hamarkada bat igarota, Euskadiko gazteek —indarkeria pairatu ez duen lehen belaunaldia— adierazi dute espazio seguru gutxi dituztela gaiari buruz galdetzeko, hitz egiteko eta eztabaidatzeko.

Liburu bilduma honek azken hamarkadetan Euskadin bizi izan den gatazkaren eta indarkeriaren historiaren ulermen kritikoa sustatu nahi du belaunaldi berriengan. Batez ere gazteei eta gai horiei buruzko interesa duten herritarrei zuzenduta dago, baina baita irakaslanean edo irakaslanerako prestatzen ari direnei eta hainbat erakunde publiko eta pribatutatik giza eskubideen errespetua sustatu eta bakea eta bizikidetza landu nahi duten pertsonei ere.

Proiektu hau Euskadiko Memoriaren, Historiari buruzko Hezkuntzaren eta Bakearen Eraikuntzaren inguruko Ikaskuntza Komunitatearena da. Ikaskuntza komunitate hori Deustuko Unibertsitateko Etika Aplikatuko Zentroaren ekimenez sortu zen 2018an eta, harrezkero, Euskadiren indarkeriazko iraganari buruzko diziplinarteko eta belaunaldien arteko elkarrizketa eta hausnarketa ahalbidetzeko gune bat da. Lehen lan fasean (2019-2021), profil ideologiko desberdinetako gazteek Euskadin bizi izandako motibazio politikoko indarkeriari buruz zer galdera eta gogoeta dituzten ikertu zuen. Behin eta berriz adierazi zuten hainbat galdera sortzen zaizkiela, baina ez dutela non planteatu galdera horiek, eta gogoetak ere badituztela, baina ezin dituztela beste

pertsona batzuekin kontrastatu. "Jarauntsitako eta autoinposatutako isiltasuna"ren pisua sentitzen dute familian, koadriletan, eskolan eta komunitatean.

Bada uste zabaldu bat isiltasun horri irauten lagundu diona: bakea eta bizikidetza sustatzeko, hobe dela orria pasatzea, iragana ahaztea eta etorkizunera bakarrik begiratzea. Baina etorkizuna ezin da eraiki iraganari bizkarra emanda. Horregatik, oraingo lan fasean, Ikaskuntza Komunitateak hainbat aditu bildu ditu bilduma honen ekoizpenean laguntzeko: gaian adituak diren historialariak, indarkeriaren analisi etikoan adituak diren filosofo eta gizarte zientzialariak eta historiari buruzko hezkuntzan adituak diren pedagogoak.

Bildumako liburu bakoitzak gai historiko edo etiko batean sakontzen du. Hautatu diren gaiak bereziki garrantzitsuak dira gazteek euskal gatazkaren eta indarkeriaren historiari buruz dituzten kontakizunei modu kritikoan heltzeko. Estrategia pedagogiko narratiboa erabiliz, Peneloperen bideari jarraitzea proposatzen da: iragan odoltsu eta mingarri baten memoria sozialaren ehuna tentuz desegitea eta kontzientziaz berriz ehuntzea. Bide horretan, indarkeria justifikatzeko balio duten mito, partzialkeria eta gain-sinplifikazioak ikusaraztea eta kritikoki arakatzea izango da abiapuntua dinamika bikoitza aurrera eramateko: *memoria historizatzea* eta *historia memorializatzea*. Horren bidez, hiru helburu bete nahi dira: pertsonek fenomeno historikoen konplexutasunaren ulermen hobea izatea, iragana biktimen esperientzian hezurmamitzea, eta, horrela, historiak indarkeria desnormalizatzeko eta deslegitimatzeko duen ahalmena aktibatzea.

SARRERA

Zera da garrantzitsua eta benetan baliotsua: belaunaldi horrek bere baitan behar adinako pertsona talde bat sortzea, gai izan zena ez bakarrik bakearen poesiari erantzuteko, baita poesia hori handitzeko ere, zentzuz eta elkarbizitzarako aukeraz betetako poema bat osatuz. Une askotan sentitu genuen bakardadea sobera konpentsatuko litzateke, baldin eta izuaren aurka inoiz mobilizatu ez zen gizartearen zati handi horrek larderiak itotako mundu batean askatasunaren aireari bide emateko pertsona taldetxo batek egun batean zabaldu genuen leiho herabe hura ikusiko balu gaurko eraikinean, baldin eta azkenean gure bake metaforetakoren bat bere egin izan balu, eta, batez ere, ulermen hori oraindik egiteko dagoen guztiaren parte izatera iritsiko balitz. [...] Injustizietan den injustiziarik handiena tresna politiko gisa erabiltzen zutenek eta erabilera hori babesten zutenek gaur egun, naturaltasun osoz, gure iraganik sentikorrenari begiratzeko darabilgun besaulki-patioa partekatzen dute [...] Gauza bakar batek askatuko ditu proiektatzen duten espektro horretatik, azken biktimatik lehen biktamara luzatzen den espektro horretatik: zintzo aitortzea dena izan zitekeela beste era batera eta heriotza bat ere ez zela beharrezkoa. Ez da erraza izango, beren ideien esklabo izatera ohituta baitaude. Espero dezagun beren historiaren esklabo ere izan nahi ez izatea (Gómez Moral, 2013: 8).

Ia bost hamarkadatan, ETAk, bere helburu politikoak lortzeko, indarkeria eta, beraz, "injustizietan den injustiziarik handiena" erabiltzea erabaki zuen. Bitartean, ia hiru hamarkadatan hainbat gizarte erakunde mobilizatu ziren kaleetan, indarkeriaren erabileraren aurka protesta egiteko, hainbat modutan pertsona guztien duintasuna eta giza eskubideak defendatzeko eta elkarrizketa demokratikoa aldezteko eta lehenesteko gatazka sozial eta politikoen kudeaketan. Askoz ere ikusgarritasun gutxiagorekin aritu ziren eta, gainera, gizarteko eta klase politikoko sektore batzuen axolagabekeriari ez ezik, oposizioari eta are jazarpenari ere aurre eginez.

Zenbait talde aritu ziren, planteamendu ideologiko ezberdinak zituztenak, eta batzuk besteak baino egonkorragoak une politikoaren arabera, besteak beste, Bakearen Aldeko Artisauak eta Itaka kolektiboa —Euskal Herriko Bakearen Aldeko Koordinakundearen hasikinak—, Denon Artean, Elkarri eta Miguel Ángel Blancoren bahiketaren eta hilketaren ondoren sortu ziren taldeak, hala nola Ermuko Foroa eta Basta Ya. Liburu honek Bakearen Aldeko Koordinakundeak (BAK) indarkeria desnormalizatzeko eta deslegitimatzeko egin dituen ekarpen teoriko eta praktikoak jorratzen ditu, bai ideien eta kultura politikoaren alorrekoak, bai mobilizatzeko estrategien esparrukoak.

Sorreratik, Koordinakundeak erabaki irmo bat hartu zuen: Euskadiko eta Nafarroako herri eta hirietako kaleetan mobilizatzea, isilean, hamabost minutuz, motibazio politikoko indarkeriak eragindako edozein heriotzaren ondoren. Kontzientziazio zibikoko lan etengabe horrek gogoetazko dokumentuak, prentsan eta bere aldizkarian (*Bake Hitzak - Palabras de paz*) argitaratutako iritzi artikuluak, komunikatuak, prentsaurrekoak, etab. izan zituen indargarri. Bakearen Aldeko Koordinakundea da gehien iraun zuen taldea; izan ere, 80ko hamarkadaren erdialdean sortu eta ETAk behin betiko su etena eman eta bi urtera arte mantendu zen (2013). Ia hiru hamarkadatan, erakundeak eta kideek heltze eta autokritika prozesu bat bizi izan zuten, eta, gaur egun, haien diskurtsoaren eta indarkeriari aurka egiteko bidearen sakontasun etikoa ulertzeko aukera ematen digu. Koordinakundeak utzi duen legatuak bere helburua —herritarren mobilizazioaren bidez ETA bukatzea— gainditu du; izan ere, kultura politiko demokratikorako ekarpen oso esanguratsuak diren

kontzeptuak sortu zituen, gaur egun denon ondarearen parte direnak, gizarteak eta politikariek haien jatorria zein den ez badakite ere.

Planteamendua bi eremu bereiztean zetzan: a) prepartidista, gutxieneko etika batean oinarritua, herritar guztien giza eskubideen defentsa ardatz hartuta, filiazio ideologikoak alde batera utzita; eta b) partidista, identitate nazionalei eta Euskadiko bizikidetza formulei buruzko aukera desberdinak inplikatzen zituena. Horren oinarri etikoa "onartezina" (indarkeriazko egoera) eta "eztabaidagarria" (proiektu politikoak) bereiztea zen (Aspuru, 2005: 20). Ideologikoki mugimendu plurala izaki, kideek hainbat alderditan militatzen zuten eta euskal identitate gatazkari buruzko ikuspegi oso desberdinak zituzten. Baina, erakunde gisa, Bakearen Aldeko Koordinakundeak hautu garbia egin zuen: bere gogoetak eta jardunbideak esparru prepartidistan kokatzea, eta irmo saiatu zen bere adierazpenek alderdien arteko konfrontazioa gaindituko zuen ahots etiko kualifikatua ekar zezaten. Elkarretaratzeek agerian jartzen zuten bizitzeko eskubidea beste edozein ideia edo proiektu politikoren gainetik zegoela. Horregatik, beti mobilizatzen ziren, bai ETAk edozein pertsonaren aurkako atentatua egiten zuenean, bai erakunde horretako ekintzaile bat poliziarekin izandako enfrentamendu baten ondorioz edo beste pertsona batzuen bizitza akabatzeko diseinatutako lehergailu batek eztanda egiten zionean hiltzen zenean.

Euskadin, indarkeriaren aldeko hautua, bere ondorio latzekin, Euskal Herri osoaren izenean egin zen. *Ez nire izenean*, liburuaren izenburuak Bakearen Aldeko Koordinakundeak mobilizazioetan gehien erabiltzen zuen esloganetako bat dakarkigu gogora. Lelo horrekin erakutsi nahi zuen Euskadiko herritarra izateak ez zekarrela halabeharrez indarkeriarekiko adostasunik edo konplizitaterik, eta, beraz, ETAk ez zituela euskal herritarrak ordezkatzen. Era berean, gizartearen gehiengoaren axolagabekeriaren harresiak hautsi nahi zituen, behin eta berriz adieraziz, indarkeria euren izenean erabiltzen zenez, deslegitimatzeko estrategiarik onena herritarrek ozen gaitzestea zela.

> Gure hurkoek bidegabekeriak egin ditzaten ekiditea oso zaila dela jakinik, halako basakeriak ez zitzatela gure izenean egin adieraztea behintzat bageneukan (Gómez Moral, 2013: 7).

Ez zen zeregin erraza. ETAren diskurtsoaren arabera, indarkeria aukera askatzailea zen. Zaila zen indarkeriaren erabilera zalantzan jartzea, uste baitzen helburu aurrerakoiak zituela: herri baten askatasuna lortzea, autodeterminazio eskubidea defendatzea, gizarte bidezkoagoa eraikitzea, etab. Haatik, ETAren eta haren inguruaren diskurtsoan indarkeriaren justifikazioak hainbat mito zerabilen euskarri eta, Koordinakundearen legatuan oinarrituta, mito horiek deseraikiko ditugu liburu honetan: Euskal Herriaren homogeneotasuna; helburuek bitartekoak justifikatzen dituztela; indarkeriaren beharra eta ezinbestekotasuna; eta indarkeria "besteen" erasoari emandako erantzun hutsa zela.

ARIKETA 1

Liburu honek Bakearen Aldeko Koordinakundearen hausnarketek eta mobilizazio estrategiek demokraziari eta ETAren indarkeriak markatutako Euskadi hartan bizikidetza berreraikitzeari egin zizkien ekarpenak kontatzen ditu.

- Bazenuen erakunde bakezale horren berri? Zer dakizu berari buruz?
- Galdetu zure inguruko jendeari: Zer dakite berari buruz? Zer ideia defendatzen zituen? Zer gogoratzen dute Bakearen Aldeko Koordinakundearen mobilizazioetatik? Hartu zuten parte inoiz mobilizazioren batean? Noiz eta zergatik? Nola baloratzen dute Bakearen Aldeko Koordinakundea eta zergatik?

Iturria: Fabián Laespada.

1. IBILBIDE HISTORIKOA ETA MOBILIZAZIO ESTRATEGIAK

Bakearen Aldeko Koordinakundea 80ko hamarkadaren erdialdera sortu zen, "berunezko urteak" deitutakoetan, herritarrek eta politikariek indarkeria egunerokotasunaren berezko osagai moduan ikusten zuten garaian. Euskal gizartearen bizitza markatzen zuen indarkeriarekiko pasibotasun handiko urteak izan ziren. Bitartean, ezker abertzaleak kaleak kontrolatzen zituen "Gora ETA militarra" oihukatuz. Ordurako, 465 hilketa eginak ziren (guztizko kopuruaren % 54), gehienak Estatuko Segurtasun Indar eta Kidegoetako kideen aurka, herritarren sektore zabal batek diktadura frankistatik jasotako "okupazio indartzat" hartzen baitzituen. Testuinguru horretan, askoz errazagoa zen indarkeria erabiltzen zutenekin identifikatzea, haien biktimekin baino. Honela deskribatzen du Ana Rosa Gómez Moralek:

> [...] Denok daukagu gogoan 1975eko irailean Txiki eta Otaegiren fusilamenduen doilorkeria, baina, gutako inor gogoratzen al da urte horretan bertan ETAk erraildako 16 pertsonetakoren baten izenaz? [...] hiltzeko prest zeuden pertsonekiko begikotasuna ere sentimenduetatik, emozioetatik eta, are, afektutik zetorren. Gure senideak ziren, gure lagunak, ikaskideak edo lankideak... Gu izan zitezkeen, erabat. Horregatik, errazagoa eta naturalagoa zen haiekin identifikatzea kasu gehienetan guretzat ezezagunak ziren biktimekin baino; izan ere, beste latitude batzuetatik zetozen, eta, gainera, ia beti

segurtasun indar antipatikoekin erlazionatuta zeuden, antipatikoak hasiera batean erregimen diktatorial baten zerbitzura jarduten baitzuten (2013: 19).

Hala ere, 1978ko urrian, manifestazio bat egin zen Bilbon, Eusko Alderdi Jeltzaleak (EAJ) deituta, eta Espainiako Alderdi Sozialista Langileak (PSOE), Espainiako Alderdi Komunistak (PCE), Zentro Demokratikoaren Batasunak (UCD), Langile Komisioak (CCOO) eta Langileen Erakunde Iraultzaileak (ORT) lagunduta. Harrezkero, manifestazio garrantzitsuak egin ziren Jose Maria Ryan Lemoizko ingeniariaren (1981), Martin Barrios farmazia kapitainaren (1983) eta Enrique Casas senatari sozialistaren (1984) hilketak salatzeko. Aldi berean, hainbat gizarte sektorek (unibertsitateko ikasleak, mugimendu antimilitaristako aktibistak eta Vatikanoko II. Kontzilioak emandako ikasbideen eta bultzatutako erantzunkidetasun laikoaren ildotik parrokietan sortutako taldeetako gazte militanteak) mobilizazioak egin zituzten eta herritarren isiltasun eta axolagabekeria giroa kolokan jartzen lagundu zuten.

> [...] Inkoherentzia hutsa zen arma karrera salatzea eta munduan indarkeriarik eza aldeztea Euskadin giza eskubideen urraketaren aurrean isilik geunden bitartean [...] (Javier Madrazo, in Iglesias, 2009: 1315).

1985ean, Itaka sortu zen, Bilboko Eskolapioak ikastetxeari lotutako taldea, ikastetxeko curriculumetik kanpoko jardueren bidez ikasleek eta familiek gizarte eraldaketa eta bakearen eraikuntza lantzeko. Sorrerako helburuetako bat "jestuak" izeneko 15 minutuko bilkura isilak martxan jartzea izan zen. Lehenengoa, 1985eko azaroaren 26an:

> Artisauen ideia hartu genuen [...] Han zeuden, isilik, kartel batekin edo dena delakoarekin, eta galdera edo baieztapen huts bat: "gizon bat hil dute". Gero pertsona jarri genuen, errieta egin zigutelako: "pertsona bat hil dute. Zergatik ez bakea?" Eta hortik sortu zen... Euskadiko indarkerian, atentzio gehien ematen ziguna zen

> oharkabean pasatzen zela, ez zuela axola. Hain ohituta geunden 84an-85ean non... "beste bat hil dute" [...] Eskandalagarria iruditzen zitzaigun inork ezer ez esatea (Moreno, 2019: 64).

1986an, Cristina Cuestak, Enrique Cuesta —1982an Komando Autonomo Antikapitalistek, ETAtik bereizitako talde batek, hildako Telefonicaren Donostiako ordezkaria— zenaren alabak, Bakearen aldeko Elkartea sustatu zuen, eta, ondoren, Denon Artean (1990).

> Sumindu egiten ninduen gu biktimok isilik, ausente, ahaztuta egoteak. Pentsatu nuen terrorismoaren, terrorismo ororen biktima guztiei eta gizarte zibilari dei eginez gero, beste bide bat posible zela frogatuko genuela [...] Neska gazte bat, terrorismoaren biktima, bakeaz hitz egiten zuena, berria eta deigarria zen. Ez nuen lekukotasunean geratu nahi. Elkarte bat eratu nahi nuen [...] Nire hirikoei eta ingurukoei deitu eta hitz egin nien, eta horrela antolatu zen lehen bilera, maiatzaren 8an, Bakearen Aldeko Elkartea eratzeko. Giza galera bakoitzaren ondoren elkarretaratzea erabaki genuen, biktimaren inguruabarrak zirenak zirela [...] Bakearen Aldeko Keinuarekin bat egin genuen, Bakearen Aldeko Koordinakundea sortu genuen hainbat udalerritako taldeekin, eta 1990ean Donostiako taldekook funtzionamendurako autonomia handiagoa bilatu genuen, eta Denon Artean-Paz y Reconciliación sortu genuen (Cuesta, 2017).

Horrela, indarkeriaren egunerokotzeari Bakearen Aldeko Koordinakundeak erantzuna egunerokotuz egin zion aurre, "isiltasunaren ahotsa" izan zen (Funes, 1998: 38-41). Atentatu bakoitzaren ondoren, hainbat talde txiki agertu ziren EAEko eta Nafarroako geografiako kale, auzo eta plazetan, pankarta baten atzean, isilik eta giro estuan, hamabost minutuz, indarkeria behin betiko uzteko eskatzen. Isiltasunak bere inguruan sentsibilitate politiko desberdinak biltzeko aukera ematen zuen; hau da, aparteko trinkotasun sinbolikoa zuen oinarrizko adostasunez adierazteko indarkeriaren mespretxua eta biktimekiko elkartasuna eta giza duintasuna aldarrikatzeko. Une hartan, Koordinakundeak ez zeukan alderdi politikoen eta beste gizarte eragile batzuen berariazko

babesik, "[…] Kalera irtetea indarkeriari ezetz esateko Estatuarekiko edo poliziaren errepresioarekiko gertutasuntzat interpreta zitekeen […]" (Javier Madrazo, in Iglesias, 2009: 1315) eta auzokideen aurrean nabarmentzea ere bazen.

BAKek auzo eta herrietako elkarretaratze isilak –200 talde izatera iritsi zen– eta Gandhiren heriotza ospatzeko urteroko manifestazio zentralizatua konbinatu zituen, Gandhi izan baitzen erakundearen indarkeriarik gabeko planteamenduen inspirazio iturri nagusietako bat.

> Jestua bezalakoak ziren, baina handiak eta mugituz. 1988tik 2012ra bitartean, urtero (behin izan ezik, giza kate bat egin baikenuen Iruñean), Bilboko Jesusen Bihotza plazan elkartu eta udaletxeraino joaten ginen oinez, eta bertan manifestu bat irakurtzen genuen funtsezko mezuak azpimarratzeko: indarkeria behin betiko uzteko eskatzeko, biktimekiko elkartasuna adierazteko, terrorismoaren aurrean batasun politikoa eskatzeko eta pertsona guztien giza eskubideak zorrotz errespeta zitezen aldarrikatzeko, kalterik handiena egiten zigutenenak barne. […] manifestazio handiak izan zein mila laguneko martxa xumeak, Gandhirekin urtero genuen hitzorduak beti indarberritzen gintuen eta "ez dago bakerako biderik, bakea da bidea" uste sakon hura berritzen laguntzen zigun (Gómez Moral, 2013: 34).

Bakearen Aldeko Koordinakundeak Konkordiaren Asturiasko Printzearen Saria jaso (1993) eta gutxira, ETAk Julio Iglesias Zamora enpresaria bahitu zuen, eta erronka izan zen mugimendu bakezalearen mobilizatzeko ohiko estrategientzat. Hasiera batean, gaitzespeneko elkarretaratzeak egunero mantentzen saiatu ziren arren, bahiketa luzatu ahala, BAKeko kideek argi ikusi zuten inpaktu handiagoko eta denboran irauteko moduko alternatibak sortu behar zituztela. Horrela, itxialdia hasi zuten Bilboko Zazpikaleetako egoitzan, astean behin elkarretaratzeak egin zituzten BAK taldea zegoen lekuetan, baita baterako manifestazioak ere, eta bahitutako enpresariaren emaztea babesteko gutun publiko bat idatzi zuten. Gutun horretan, argi azpimarratzen zen Ikusiko –Iglesiasen enpresa– langileak, beren gaitzespenezko

elkarretaratzeekin, zenbateraino bihurtu ziren bahiketaren deslegitimatzaile nagusiak. Gainera, begizta urdina sortu zuten, herritarrek paparrean eraman zezaten beti: kalean, ikasgelan, lanpostuan, arratsaldeko edo asteburuetako aisialdian, etab. A itxurako diseinuak askatasuna esan nahi zuen. Liturgia zibiko horiek berriz egin ziren José María Aldayaren, Cosme Delclauxen eta José Antonio Ortega Lara espetxe funtzionarioaren bahiketa luzeetan.

90eko hamarkadan izan zuen Bakearen Aldeko Koordinakundearen lanak onarpen politiko, instituzional eta sozial handiena. Horrek, neurri batean, alderdi politikoek —Herri Batasunak (HB), ETAren inguruaren hauteskundeetako erreferenteak, izan ezik— terrorismoari buruz erdietsi zuten eta Ajuria Eneko Itunean (1988) gauzatu zen adostasunean du azalpena. Itunak indarkeriaren gaitzespen moral eta politikoa egin zuen, eta argi eta garbi azpimarratu zuen indarkeriazaleek ez zutela zilegitasunik arazo politikoei buruzko edozein elkarrizketa prozesutan solaskide izateko eta demokratikoki adierazitako ideia politiko guztiak zilegi zirela (Sáez de la Fuente, 2004: 154). Gainera, BAKek komunikabideen arreta handia jaso zuen; areago, prentsan begizta handiak agertu ziren eta telebistan albistegiak aurkezten zituztenek begizta eramaten zuten paparrean.

Koordinakundearen mobilizazioek eta haien inpaktu mediatiko eta sozial handiak ezustean harrapatu zuten ETAren ingurunea. Harritu eta kezkatu egin zuten, kalea beti izan zelako ETAren ingurunearen adierazpenerako eta kontrolerako habitat pribilegiatua. Hori dela eta, kalea indarrez bereganatzeko saiakerekin erreakzionatu zuen elkarretaratzeen aurkako deiak eginez. Dei horietan, bahiketak justifikatzen zituen, "*Julio, moroso, paga lo que debes*. Julio, ordaindu" eta antzeko adierazpenekin. Nahiz eta BAKren lanak onarpen sozial eta politikoa izan, erakunde bakezaleko militante asko babesik gabe eta beldurrez sentitzen ziren ezker abertzalearen aurrean, hainbesteraino non ekintzaile eta jarraitzaileetako batzuk begizta agerian ez eramatera behartuta sentitu ziren.

"Denok gaude bahituta Aldaiarekin" esaldia bereziki erreala bihurtzen da, berari bezala, hitza eta sentitzen duguna publikoki adierazteko

> gaitasuna ere kendu nahi digutenean. Hala, bada, begizta urdin asko "bahituta" daude jende askoren etxean, irain, mehatxu eta are erasoen kanpainagatik, intolerantziak sortzen duen beldurrak garaitu baitu (Gómez Moral, 1995: 16-17).

Jazarpen giro hori areagotuz joan zen, herri txikietan bereziki, eta, horren ondorioz, Etxarri Aranazko (Nafarroa) BAK taldeak bertan behera utzi behar izan zituen astelehenetako deialdiak. Honela azaldu zuen Pedro Luis Ariasek:

> [...] handiena Etxarri Aranazko Bakearen Aldeko Koordinakundearen taldea izan zen, zeren ez baitzuten soilik kontraelkarretaratze bat deitzen, gainera [...] inguruko jendea ekartzen zuten, eta aurrez aurre egoteak sudurra sudurraren aurrean egotea esan nahi du ia, eta distantzia honetara iraintzen zintuzten, ezta? Eta indarkeria itzelaz, indarkeria basatia aurpegietan, eta noski, elkarretaratzea amaitzen zenean, etxeko atariraino laguntzen zizuten, eta gainera, oso herri txikia da, erabateko kontrol soziala dago; beraz, azkenean arazo bat sortzen da. Izan ere, Etxarri Aranazko jendeak jokabide ia heroikoak izan behar izan zituen, eta egiten genuena zen beste leku batzuetako jendea joan elkarretaratze horietara, kopuru pixka bat gehiago izateko, hau da, gorputz pixka bat handiagoa egiteko, abantaila batekin, jakina: zu gero Etxarri Aranazetik alde egin eta bizitzen jarraitzen zenuen (Sáez de la Fuente, 2013: 71-72).

Egoera hain zen tirabiratsua, ezen, une jakin batzuetan, Ertzaintzako arduradun politikoek iradoki baitzuten, gaitz handiagoak saihesteko eta ordena publikoa bermatzeko, agian hobe izango zela mobilizazioak bertan behera uztea, eta horrek esan nahi zuen herritarrek uko egin behar ziotela askatasuna baliatzeko espazio bati. BAKek ez zituen mobilizazioak bertan behera utzi.

Bahiketen aldi hori ETAk eta beraren inguruneak "sufrimenduaren sozializazioa" izenaz deitu zuten estrategiaren barruan kokatzen da. Bidarten (1992) erakundearen buruzagitza burugabetu ondoren, eta HB politika, gizarte eta hauteskunde esparruetan gero eta isolatuago zegoela, ETAk eta beraren ingurukoek kezka

zuten euskal herritarrak autogobernuarekin pozik ote zeuden. Horregatik, etsaiak nortzuk ziren erakutsi nahi zioten herriari, haien ustez, nortzuek Estatuaren aparatuetatik harago, laguntzen zioten Espainiari Euskadiren gaineko nagusigoari eusten. Hori dela eta, laurogeita hamarreko hamarkadan kale borrokako ekintzak ugaritu egin ziren, eta jazarpen eta larderia ere bai; izan ere, nazionalistak ez ziren kargu publikoak, kazetariak, unibertsitateko irakasleak eta epaileak sartu zituzten atentatuen jomuga nagusien artean. Horretan, 1995ean Gregorio Ordóñez Gipuzkoako Alderdi Popularreko buru, legebiltzarkide eta Donostiako Udaleko alkateordearen hilketa izan zen inflexio puntua.

Koordinakundeak pertsona mehatxatuengandik jasotako lekukotzek agerian uzten zuten haien larritasuna esponentzialki biderkatzen zela mehatxuak pertsonalizatzen zirenean (telefono deiak, mehatxuzko gutunak, enpresei estortsioa, etab.) edo alderdi baten siglak edo pertsona baten izena pintadetako diana baten barruan agertzen zirenean, "*Os vamos a botar*", "Gora ETAm" eta ohiko beste esaldi batzuekin batera. Egoera lazgarriagoa gertatu zen herri txikietan, non aukera ideologiko batzuk traidoretzat estigmatizatzen ziren, gizarte kontrol itogarriko giro batean. "Jende askok, askok eta askok esan didate goragalea sentitzen dutela pintada hau ikustean ('X entzun, pim, pam, pum'), baina inor ez da ezabatzera ausartzen. Faxistek hauspotzen duten beldurraren sua da, eta guztiok erretzen gaitu" (Bakearen Aldeko Koordinakundea, 2003b: 3).

Indarkeria mota berri horien aurrean, Koordinakundeak *jazarpen indarkeria* terminoa sortu zuen, eta haren aurkako kanpainak eta mobilizazioak egin zituen, haren bidegabekeria eta oinarrizko giza eskubideetan (hala nola adierazpen eta ordezkaritza politikorako askatasunean eta, beraz, demokraziaren kalitatean) zuen eragin negatiboa salatzeko eslogan berriekin. Eslogan adierazgarrienen artean, honako hauek nabarmentzen dira: "*Aquí no sobra nadie*. Sabotaiarik ez"; "*No a la violencia de persecución*. Elkarrekin askatasunaren alde; "*Si te amenazan, nos agreden*. Mehatxua zuri, erasoa guri"; "Juntos contra la amenaza. Elkarrekin askatasunaren alde". Herrietako salaketek eszenografia berdina irudikatzen zuten kasu guztietan: talde txiki bat pankarta batekin

jartzen zen, pankartan pertsona baten silueta agertzen zen, eta irudi horrek mehatxatuta zeudenak irudikatzen zituen (Bakearen Aldeko Koordinakundea, 2003a: 84). Indarkeria horrek gizarteko sektore gero eta zabalagoak mehatxatzen zituen, eta garbiketa eta kontrol ideologikoa egiteko asmo argia zuen: ETAren eta haren ingurukoen kontrako ideiak ordezkatzen edo adierazten zituzten pertsona guztiak isilarazi nahi zituen.

ETAk batez ere PSE-PSOEko eta PPko kideak jazartzen eta hiltzen zituen eta, horren ondorioz, bizkartzainak ugaritu egin ziren eta kargu publikoak gotortu. Sozialisten ohiko Herriko Etxeek erradikalen hainbat eraso pairatu zituzten. Aldi berean, Alderdi Popularraren egoitzak gune blindatu bihurtu ziren. Abertzaleak ez ziren alderdietako karguak behartuta zeuden herritarrekiko distantzia fisikoak mantentzera eta kaleko ekitaldi publikoetan ia parte ez hartzera. Horrek guztiak zitalki indartzen zuen politikari horien estereotipoa: ez zirela euskaldunak, kanpotarrak zirela eta Gobernu zentralaren interesen alde egiten zutela. 90eko hamarkadaren erdialdetik, zinegotzi askok utzi behar izan zituzten beren karguak presio terroristaren ondorioz, eta horrek asko zaildu zien indar politiko horiei hauteskunde zerrendak osatzea. Horri erantzunez, Koordinakundeko ekintzaile batzuk, modu pertsonalean, independente gisa sartu ziren zerrenda horietako azken postuetan, elkartasuna adierazteko eta agerian salatzeko alderdi politiko horiek bidesari handiak ordaintzen ari zirela beren militantziagatik, eta ez zirela baldintza berdinetan jokatzen ari. Gainera, 2005eko apirilean BAKek elkarretaratzea egin zuen Eusko Legebiltzarraren egoitzaren ondoan, "Mehatxurik gabeko demokraziaren alde" lelopean.

Jazarpen indarkeriak zinegotzi nazionalistak ere ukitu zituen —hori bai, askoz ere gutxiago—. Ez zituzten haien ideia politikoengatik mehatxatzen, jazarpena pairatzen zutenengana hurbiltzeagatik eta elkartasuna adierazteagatik baizik, "ETAk eta beraren inguruneak gure gizartearen erdiari ezarri nahi dioten beto soziala haustea [...]" erabaki zutelako (Bake Hitzak, 2002: 18). Halakoa izan zen Zumarragako Eusko Alkartasunako (EA) zinegotzi Usua Busaren kasua. Jazarpen indarkeria pairatu zuen Manuel Indiano

PPko zinegotziaren alargunarekin eta haren alabarekin adiskidetasun eta elkartasun harremana izateagatik, publikoki eta modu pribatuan; izan ere, alaba umezurtz jaio zen aita hil eta gutxira eta Usua Busa haren amabitxia zen.

Mehatxua hedatzeko giro horretan, erakunde bakezaleak magistraturaren eta alderdi politikoetako militanteen alde deitutako elkarretaratzeetan ere hartzen zuen parte, eta unibertsitateetan zituen taldeek adierazpen publikoak egin zituzten zenbait irakaslek eta ikaslek jasaten zuten larderiaren aurka: talde horietan une bereziki zailak bizi izan ziren, ezker abertzaleko gazteen intrantsigentzia zela eta, ekitaldiak zapuztu nahi baitzituzten.

Bestalde, euskal 349 kazetarik adierazpen askatasuna defendatu beharra izan zuten 1993. urtearen amaieran, prentsaurrekoan. Handik gutxira, epailearen aginduz *Egin* egunkariaren erredakzioan egindako lehen miaketen ostean, Jarraik —ezker abertzaleko gazteen abangoardia— kanpaina bat egin zuen, "*Policías provistos de pluma y micrófono*. Mikrofono eta lumadun txakurrak" lelopean. Kartelak mehatxu kate luze baten katebegi bat baino ez ziren izan. Hasieran, pintada anonimoak egin zituzten zenbait kazetariren etxeetako atarietan eta, gero, banaketako furgonetetan lapurtu zuten, errepikagailuen aurkako sabotajeak egin, akusazioko prentsaurrekoak, pankartak HBk babestutako manifestazioetan, erreportari grafikoen eta unitate mugikorren aurkako erasoak, eta, azkenik, mehatxuzko komunikatuak. Koordinakundearen gaitzespena agerikoago egiteko, kanpaina bat egin zen eta Forges umorista grafikoak pin bat diseinatu zuen "Pentsatzen dut; beraz, banaiz" kartesiar aforismoa "Hitz egiten dut; beraz, banaiz" lelora aldatuta, baina gizartean oihartzun txikia izan zuen.

Artistak ere ez ziren jazarpen indarkeriatik libratu. 2000. urtean, Agustin Ibarrolaren —Basta Ya elkarteko kidea eta Ermuko Foroaren sortzailea— Omako baso margotuak ETAko jarraitzaileen hainbat eraso izan zituen. Goiz batean, Basoa bi zuhaitz moztuta eta gutxienez beste 82 azala hondatuta esnatu zen. Euskal artistak berak salatu zuenez, erasoa sustrai nazionalistarik gabeko kultura mota bat ezabatzeko ahalegina zen (*El País*, 2000). Sektore abertzale batzuetan, aldiz, ugari ziren Ibarrolaren biktima izaera

minimizatzen zuten ahotsak, esanez artistak ez zuela kezkatzeko eta erasana sentitzeko zilegitasunik, basoa Bizkaiko Foru Aldundiarena zelako eta ez berarena. Gernikako BAK taldeak gaitzespen ekitaldia egin zuen Basoan bertan. Bi kimu landatu zituen, etorkizuneko zuhaitzen promesa sinboliko gisa, eta komunikatu bat irakurri zuen. Komunikatuak irmo salatzen zituen beren burua "Herria"ren askatasunaren alde borrokatzen ziren euskaldun ekologistatzat jotzen zutenen kontraesan gogorrak, aldi berean, artelan bat suntsitzeko gai izan baitziren sortzailea ikaratzearren. Era berean, erakundeak mehatxatutako pertsonekin zuen konpromisoa azpimarratzen zuen:

> Bi zuhaitz bota zituzten, eta beste bi ekarri ditugu gaur gurekin. Eta bi hauen ondoren beste bi, eta beste lau, eta beste hogei, Euskal Herri osoa zuhaitz margotuz bete arte. Horrela salatu nahi dugu sinbolikoki hemen gertatu dena. Herri honetan lurrera doana berriz ere goratuko baita indar berriturik. Horrela salatu nahi dugu Agustini gertatu zaiona, horrela gogora ekarri intolerantziak utzi dizkigun bidegabeko sufrimendu eta hilketak. [...] Zuhaitz hauek erakusten diguten edertasuna nahi genuke euskal gizartean ere. Bazter ditzagun betiko itsukeriak, ken ditzagun betiko gure harrokeriak, has gaitezen pentsatzen, inoiz pentsatzen hasten bagara, iritzien desberdintasuna beti ere gizartearen aberastasun iturri dela (Bakearen Aldeko Koordinakundea, 2000b).

Euskadi ideologikoki garbitzeko asmoa frankismoaren bukaeratik eta trantsiziotik egon zen ETAn. Horregatik, 1989an, erakunde bakezaleak Imanol abeslariarekiko elkartasun ekintza bat babestu zuen Anoetako estadioan, "Denok beldurraren aurka" lelopean, indarkeriazko sarearen presioa pairatzen ari baitzen. Imanol Larzabal, euskarazko eta gaztelaniazko abeslari eta konpositorea, ETAren kolaboratzailea izan zen frankismo garaian eta Frantzian erbesteratua egon zen. 77ko amnistiaren ondoren, Espainiara itzuli zen, eta bere musika ibilbidean jarraitu zuen bertan. Euskararen eta autodeterminazioaren aldeko hainbat ekimenetan parte hartzearekin batera, indarkeriaren aurka azaldu ohi

zen. Yoyes (ETAko buruzagi ohia, erakunde armatuak hildakoa) hil osteko omenaldian parte hartu zuenez gero, ezker abertzaleak areagotu egin zuen haren aurkako jazarpena, eta pintadak, autoari egindako erasoak eta heriotza mehatxuak jaso zituen. 2000ko urrian, erasoez gogaituta, Euskaditik alde egin zuen.

ARIKETA 2

Imanolen abesti askok, gaztelaniaz eta euskaraz, haren identitateari eta bere lurraldearekiko lotura afektiboari buruz hitz egiten dute, baina baita indarkeriak eragiten dion gaitzespenaz ere. Hitzetako batzuk berak idatzi zituen, eta beste batzuetan Lope de Vega eta Pablo Neruda olerkari ezagunen poemak ziren, berak musikatuak.

Entzun abesti hauetako batzuk: *Nunca, que no nunca*, *Ausencia*, *Mendian gora haritza* eta *Nire euskaltasuna*:

- Zer dakarkizute gogora kanta horien hitzek eta musikak?
- Zer lotura ikusten diezu liburu honetan orain arte landu ditugun gaiekin?

Jazarpen-indarkeria terminoa sortzean, Koordinakundeak gizarte osoari ohartarazi nahi izan zion bazela indarkeria mota bat, hilketa edo bahiketa bezain dramatikoa eta agerikoa ez zena, baina ehunka pertsonaren eta familia osoren bizitza larriki baldintzatzen zuena. Gainera, argi erakutsi zuen, indarkeria horrek hartzaile jakin batzuk bazituen ere, hau da, herritar guztiak berdin kaltetzen ez bazituen ere, gizarteak erreakzionatu egin behar zuela eta bere eskubideetan kaltetuta sentitu behar zuela, "esklaboen mundu batean ezin da aske izan" eta; izan ere, iritzi publikoaren zati esanguratsu batek bere iritzi ideologiko eta politikoak eremu pribatura baztertu behar zituen, isiltasunaren, disimuluaren edo ezkutatzearen bidea hartuta. Garbiketa ideologiko horrek larriki kaltetzen zituen gizartearen eskubideak, eta bideraezina bihurtzen zuen demokrazia. "Gaur, baliteke gure ideiak jazarrita ez egotea, baina beste batzuen kontrako jazarpena onartzen badugu, geure askatasunari uko egiten ariko gara" (Bakearen Aldeko Koordinakundea, 2000c: 5-6). Koordinakundeak, halaber, kezka berezia adierazi zuen beldurraren sozializazioak indarkeriaren

azpikultura sendotzen zuelako, eta horrek eragin nabarmena zuelako beldurtzeko ekintzen protagonista zen gazteen sektorean. Eta zera ohartarazi zuen: "zaborrontzi bat erretzeak gero eta indarkeria mota larderiatsuagoak ekarriko ditu, eta, entrenamendu eremu praktikoa izateaz gain, pertsona konprometituenak hautatzeko metodoa ere izango dira" (Gómez Moral, 2000a: 49).

Deskribatutako mobilizazio estrategiek Koordinakundearen lehentasun bat zuten hasiera-hasieratik: biktimekiko elkartasuna, "borreroek haiek hiltzeko edo haiei kalte krudel, konponezin eta bidegabea eragiteko egozten zieten errutik askatu nahian" (Gómez Moral, 2013: 7). Lehen urteetan, artean biktimen aitorpenerako legerik ez zegoenean eta Terrorismoaren Biktimen Elkartea (AVT, 1981) baino ez zegoenean —Euskadin ez—, BAK biktimengana hurbildu zen haien beharrak ezagutzeko eta instituzioen ahazturako eta gizartearen gutxiespen eta ostrazismoko egoeran laguntzeko. 90eko hamarkadaren erdialdetik, BAKek azpimarratu zuen bakea eta adiskidetzea lortzeko behar-beharrezkoa zela amnesia saihestea eta biktimagileek bidegabe eragindako kaltea aitortzea, hau da, egindakoak basakeriak zirela jabetzea, erasoak, edozein motatakoak izanda ere, justifikatuta zeudela sinetsi beharrean. Bestela, birbiktimizazio prozesu lotsagabeak gertatzen ziren; horregatik, BAKen ustez, oroimenak ondo baino hobeto zaindu behar zuen egia, eta "memoria iheskorretik" aldendu (Bakearen Aldeko Koordinakundea, 2003a: 84):

> [...] historiak indarkeria erabiliz egiten duela aurrera edo etorkizuna ulertzeko ahaztu egin behar dela uste dutenen aurrean, guk aldarrikatzen dugu historian benetako aldaketa eragingo bada, gizarte honen etorkizunean biktimen oroitzapena txertatuta eragingo dela hain zuzen ere (Bakearen Aldeko Koordinakundea, 2000a: 45).

Ondorioz, Koordinakundeak 2000ko hamarkadaren hasieratik egin zituen Biktimekiko Elkartasun Jardunaldiak eta ekitaldiak biktimak gizartean agerian jartzen saiatu ziren, memoriaren

subjektu gisa, bi ikuspegi uztartuz: adituen gogoetak eta zuzeneko biktimen edo haien senideen eta mehatxatutako pertsonen lekukotzak. Hain zuzen ere, BAK erakunde aitzindarietako bat izan zen bai biktimen lekukotzen balio pedagogikoaz hausnartzen, bai "biktima hezitzaile"en eta ikasleen arteko lehen topaketak antolatzen.

Koordinakundeak arrakasta handiagoa izan zuen esparru politikoan indarkeriaren aurkako nolabaiteko adostasuna zegoenean, esaterako, Ajuria Eneko Ituna (1988) indarrean egon zen garaian, eta zailtasunak izan zituen Lizarrako itunaren ondoren (1998); izan ere, Lizarrako Itunak abertzaleen eta ez-abertzaleen arteko haustura finkatu zuen eta oso urrun zeuden bi ibai ertz horien arteko zubiak eraikitzen saiatzera behartu zuen talde bakezalea. Une hartan iritsi zen jazarpen indarkeria gorengo mailara.

> Orduan hasi zen —eta desegin zen arte iraun—, Bakearen Aldeko Koordinakundearen bakarraldi luzea. Sorreran baino gehiago, orduan egin zuen bere historiako benetako bakarkako bidaia. Gertakarien bilakaera haren mezuarekiko atxikimendu aktiboa murriztuz joan zen, gutxi batzuen esku geratu zen arte, baina, hala ere, gutxi horiek mezuari eusten jarraitu genuen, gure gizartearen bilakaerarako zeukan balio itzelean zinez sinesten genuelako (Gómez Moral, 2013: 33).

Behin betiko su etena deklaratu eta bi urtera, Bakearen Aldeko Koordinakundeak desegitea erabaki zuen. Bilbon desegin zen, osagai sinboliko eta emozional handiko ekitaldi jendetsu batean. Pankartak honela zioen: "Lortu dugu". Imanol Zuberok (1998: 144) azpimarratu zuenez, "Bakearen Aldeko Koordinakundeak beti esan du bere ilusiorik handiena beharrezkoa izateari uztea izango litzatekeela [...]". Horrela itxi zuten zikloa, Euskal Herritik indarkeria erauzi arte ez desagertzeko sorrerako izpirituari zintzo erantzunez.

BAKen ibilbidean eta jardunean sakontzeko, haren dokumentala ikustea gomendatzen dugu: https://primeran.eus/m/gesto.

Iturria: Fabián Laespada.

2. BESTE ERAGILE BATZUEKIKO EZTABAIDA GAIAK

Bere ibilbide luzean, BAKek beste erakunde batzuekin partekatu zuen indarkeriaren aurkako protesta bidea. Batzuekin nolabaiteko lankidetza harremanak izan zituen, eta beste batzuekin aurkakotasun argia, bai mobilizazio estrategiei zegokienez, bai politikoki eztabaidatsuak ziren gaien aurreko jarrerei zegokienez. Erakunde bakezalearen planteamenduetako batzuk, batzuetan, gaizki ulertu ziren edo desadostasun etiko eta politiko gogorrak eragin zituzten, baita tradizioz kide ziren pertsonen eta herritar sektoreen aldetik ere. Zenbait kontutan, Bakearen Aldeko Koordinakundeak oso irmo eutsi zien bere postulatuei; beste batzuetan, autokritika egin zuten edo ñabardurak erantsi, beren jarrera argitze aldera.

HERIOTZA GUZTIEN AURKA MANIFESTATZEARI BURUZ

Koordinakundeak uste zuen indarkeriarik ezarekin zuen konpromisoak pertsona guztien heriotzen aurka egitea zekarrela berekin, haien profil ideologikoa, biktimagileena edo heriotzaren inguruabarrak zirenak zirela. Izan ere, indarkeriari aurka egiteko arrazoia ezin zen estrategiko hutsa izan (helburu jakin baterako komenigarria edo ez), baizik eta etikoa, hau da, indarkeriaren bidegabekerian oinarritua. Horretarako, giza eskubideei heltzen zien, eta eskubide horiek pertsonaren eta duintasunaren artean ezartzen

zuten lotura banaezinari, edozein jarrera ideologiko edo politikoren aurrekoa den lotura horri. Jarrera horrek, ordea, hainbat intelektualen salaketa ekarri zuen, uste baitzuten heriotzaren aurreko atsekabezko sentimenduak parekatzeak lausotu egin zitzakeela egindako krimenen bidegabekeria eta erantzukizuna, borreroak biktima bihurtuz eta alderantziz:

> [...] Hori litzateke esatea ez duela axola zergatik hil diren batzuk erailda eta beste batzuk erailtzen, heriotzak denak trukagarri eta era berean parekagarri bihurtu balitu bezala [...] (Arteta, 2012: 139).

Kritika horren aurrean, Koordinakundeak azpimarratzen zuen bere asmoa ez zela biktimak eta biktimagileak parekatzea, baizik eta erakustea, biktimagileen heriotzak indarkeria erabiltzeko erabakiaren ondorio izan arren, heriotza horiek ere islatzen zituztela indarkeriaren ondorio guztiz suntsitzaileak.

MOBILIZAZIOEN IZAERA PREPARTIDARIOARI BURUZ

BAK, nahita, isilik mobilizatzen zen, eta pankartetan inolako eduki politikorik sartu gabe. Indarkeriaren aurka zeuden pertsona guztiak biltzeko helburuarekin egiten zuen hori, haien uste ideologikoak edo militantzia politikoak zirenak zirela. Mobilizatzeko estilo horrek talka egiten zuen ezker abertzalearen kontramanifestazioen estiloarekin, baina baita Miguel Angel Blancoren hilketaren ondoren sortutako ETAren aurkako plataforma zibikoek (Ermuko Foroa, Basta Ya, etab.) erabiltzen zutenarekin ere. Plataforma horiek BAK kritikatzen zuten haiena "keinuzko bakezaletasun antzua" iruditzen zitzaielako, epela eta irmotasun gutxikoa nazionalismoaren aurrean. Koordinakundeak zilegitzat jotzen zituen plataforma zibiko horiek erabiltzen zituzten mobilizazio estiloak, baina ez zituen partekatzen, uste baitzuen estilo horren izaera ia katartikoko osagai emozional handiak, "zarataz beteriko kaos" batean agertzen zenak, eta bere eduki politiko ukaezinek abertzaleen eta ez-abertzaleen arteko haustura erreproduzitzen

zutela. Gómez Moralek (2007: 59) azpimarratzen zuenez, "gutxieneko komun hori gainditzen duten kontsignek, banderek eta pankartek nahasmendua eta aztoramendua baino ez dute eragiten, zoritxarrez, terrorismoaren aurreko batasun demokratikoa zer den ahazten hasiak diren herritarrengan". Hala ere, militante batzuek bi mobilizazio motetan parte hartzea erabaki zuten, osagarritzat hartzen zituztelako –haien helburuak desberdinak zirela uste zutelako– eta isiltasuna bezain baliozkotzat jotzen zutelako oihua, egoeraren arabera.

ESTATUAREN LEGEZ KONTRAKO INDARKERIA GAITZESTEARI BURUZ

Koordinakundeak terrorismoaren aurkako salbuespenezko politika eta legedi mota guztiak kritikatu zituen, baldin eta, une jakin bateko baliagarritasunaren edo abagune politikoaren izenean, ez bazetozen bat zuzenbide estatuaren arauekin eta mugekin (adibidez, Askapenerako Talde Antiterroristak –GAL–, torturak, zigorgabetasun poliziala, judiziala edo politikoa, etab.) (Bakearen Aldeko Koordinakundea, 1995b: 3). Planteamendu hori argi adierazten da BAKek 1994. urtearen amaieran abiatu zuen kanpaina baten leloan: "Demokraziak hiltzen badu, demokrazia hil egiten da". Kanpaina horren bidez, justizia eta GALen biktimak ETAren biktimen baldintza berberetan aintzat hartzea eskatzen zuen. Gainera, azpimarratzen zuen ez zela aurkeztu behar (eta hala aurkeztu zen) gerra zikinari buruzko edozein ikerketa, auzipetze edo epai ETAren garaipen gisa, eta ez zela pentsatu behar estatu terrorismoaren aurka manifestatzen zirenak indarkeria babesten zutenik.

Zenbaiten ustez, erakunde bakezaleak zalantzan jartzen zuen Estatuak ETAri aurre egiteko zuen zilegitasuna. BAKek, ordea, onartzen zuen erakunde demokratikoek, polizialak eta judizialak barne, indarra erabiltzea, betiere erakunde horiek kontrol mekanismo zorrotzen mende jarriz gero. Estatuaren legez kanpoko indarkeria zen gaitzesten zuena, hala nola tratu txarrak eta torturak. Haren ustez,

> [...] testuinguru demokratiko batean [...] gizarteak eskubidea zuen ETAren indar ez-legitimoaren aurrean defendatzeko, erakundeen indar legitimora joz. [...] Sekula ez da ikusi Koordinakundearen ETAko kideak atxilotzearen, epaitzearen eta, hala bazegokion, espetxeratzearen aurkako ekintzarik (Zubero, 2002: 85).

NAZIONALISMOAREN ETA INDARKERIAREN ARTEKO HARREMANARI BURUZ

Koordinakundeak zalantzan jarri zituen gizartea nazionalisten eta konstituzionalisten artean polarizatzen zuten jarrera "frontezaleak". Irmo defendatu zuen proiektu politiko abertzale bat partekatzeak ez zuela zertan esan nahi indarkeria babestea, eta euskal herritarren arteko bizikidetzarako esparru juridiko-politiko bakarrak Konstituzioa eta Gernikako Autonomia Estatutua zirela defendatzen zutenen jarrerak ez zuela oztopatzen indarkeria buka zedin (Aspuru, 2005: 20). Erakunde bakezaleak atsedenik gabe aldarrikatu zuen erabat garrantzitsua zela indar politiko nazionalista eta konstituzionalistak indarkeria arbuiatzearen inguruan batzea, haien arteko zatiketa ETArentzat garaipen politiko garrantzitsua zela argudiatuz.

Ermuko Foroak eta Basta Yak, aldiz, zioten alderdien batasuna guztiz bidegabea izan zitekeela biktimentzat; izan ere, haien iritziz, indarkeria zerabiltenen planteamendu ideologikoak edo abertzaleen postulatuak onartzea esan nahi zuen, zeinak, haien ustez, indarkeriazko hamarkaden onurak jasotzen ari ziren. Plataforma horiek proiektu nazionalista gaitzesten zuten, baita indarkeriarik gabea ere, eta "derrigorrezko nazionalismoa" deitzen zutenaren kontra borrokatzen ziren. Erakunde zibiko berri horien buruetako asko intelektualak ziren, ETAk jazarriak, eta, beraz, nahiko erraza zen kontrajartze sinplista egitea pertsona haiek babesten zituztenen eta espresuki babesten ez zituztenen artean, azkenei indarkeria erabiltzen zutenen konplize zirela leporatuz edo, behintzat, biktimen eta borreroen arteko jarrera distantziakidea zutela (Unzeta, 2001: 44; Bakearen Aldeko Koordinakundea, 2002: 49).

INDARKERIAREN ETA POLITIKAREN ARTEKO BEREIZKETARI BURUZ

Estatuak eta ETAk indarkeria deuseztatzeko negoziazio politikoa egitea zilegi ote zen izan zen eztabaidetako bat. Bakearen Aldeko Koordinakundearen iritziz, indarkeriaren amaierak ez zuen Euskadiren estatus juridiko-politikoari buruzko inolako kontzesiorik ekarri behar; aitzitik, gai horiei buruzko edozein erabaki mekanismo demokratikoen bidez indar politikoen arteko adostasunak bilatzearen emaitza izan behar zen, eta ez terrorearen xantaiaren ondorio. Jarrera hori ez zetorren bat ezker abertzalearen barruan sortu zen Elkarri taldearen jarrerarekin —90eko hamarkadaren hasieran sortua, Leitzarango autobiaren eraikuntzari buruzko gatazka "ekologistaren" inguruan—. Elkarrik elkarrizketaren eta akordioaren aldeko gizarte mugimendu moduan aurkeztu zuen bere burua iritzi publikoaren aurrean, eta ez erakunde bakezale gisa. Sinetsita zegoen ETAren indarkeria arazo politiko baten ondorio zuzena zela eta, beraz, arazo hori negoziazioaren bidez konponduta baino ezingo zela ETA deuseztatu. Ondorioz, Elkarriren estrategia nagusia Bake Konferentziak egitea eta alderdi eta sindikatu abertzaleen eta nazioarteko bitartekarien arteko akordioak bilatzea izan zen. BAK berariaz aldendu zen ekimen horietatik, eta ez zuen behin ere parte hartu.

2010eko irailean, ETAk ekintza armatu erasokorrak geldituko zituela iragarri zuen. Aurreko beste su eten batzuetan ez bezala, kasu honetan ez zegoen inolako negoziazio prozesurik martxan gobernuarekin. Hala ere, Batasunak —ezker abertzalearen hauteskunde marka— argi zeukan ez zegoela beste biderik bere biziraupen politikoa bermatu nahi bazuen. Ezker abertzaleak babesa lortu nahi izan zuen, bai nazioarteko bitartekariena —solaskide politikoa izateko zilegitasuna ematen ziolako—, bai subiranotasunaren aldeko beste indar batzuena. Bira estrategiko horretan, indarkeriaren erabileraren aurka agertu ohi ziren gizarte zibileko erakundeen bultzada izan zuen, hala nola Lokarrirena —Elkarriren izen berria—. Erakunde horrek zeregin erabakigarria izan zuen Aieteko Bake Konferentzian, non bideratu baitzen 2011n ETAk behin betiko su etena eman zezan. Bere printzipioekin bat etorriz, Bakearen Aldeko Koordinakundea ez zen han egon.

Azken batean, BAK ez zen negoziazio politikoko prozesuen alde agertu, eta jarrera kritikoa izan zuen behin betiko su etena nola gertatu zen ikusita. Haren ustez, ETAk indarkeria uzteak arrazoi estrategikoei erantzun zien, eta ez zen izan zalantzan jartze etiko baten ondorio, hau da, ez zen etorri indarkeriaren erabilera edozein giza errealitaterekin bateraezina dela baieztatzetik. BAKek aitortzen zuenez,

> Prozesu bat [...] has daiteke indarkeria uzteko justifikazio estrategiko batez (etorkizunerako begirada) [...] [baina beharko luke] amaitu hainbesteko saminerako justifikaziorik ez zela egon eta ez dagoela aitortuz (iraganaren judizioa) [...] (Aspuru, 2010: 61).

Gertaerak jazo ahala eta ETAren inguru politikoak iraganari buruzko judizio autokritiko bat egiteko prestasun nahikoa ez zuela erakutsi iritzita, Itziar Aspuruk eskatu bezala, Koordinakundeko beste buruzagi batzuek ezker abertzalea bakearen babesle gisa aurkeztea salatu zuten: "[...] izugarria da, bere lorpena balitz bezala, egia esateko, bere lotsa izan beharko lukeen arren" (Sáez de la Fuente, 2013: 198).

BAKren eta Elkarriren arteko sakoneko desadostasunek ez zuten eragotzi une jakin batzuetan elkarlanean aritzea, adibidez, jazarpen indarkeriaren aurkako manifestu bateratua egiteko (Bakearen Aldeko Koordinakundea eta Elkarri, 2004). Ekimen hori Elkarrik proposatu zuen, biktimen gaia jorratzeko interesa agertuz. Ordura arte nekez planteatu zuen gai hori; Koordinakundeak, berriz, hasieratik azpimarratu zuen. Manifestuak ez zuen aparteko eraginik izan, eta ez zuen beste lankidetzarik ekarri.

PRESOAK SAKABANATZEKO POLITIKARI BURUZ

Bakearen Aldeko Koordinakundea Felipe Gonzálezen gobernu sozialistak ETAko presoen sakabanaketa abian jarri zuen garaian sortu zen. Sakabanaketa zen gobernuaren espetxe politikaren funtsezko zutabeetako bat, presoak erakundetik askatzen

laguntzeko eta haien gizarteratzea sustatzeko, bai eta presoen protestei elkarrekin egoteak "herri zapalduaren ordezkaritza" gisa ematen zien botere sinbolikoa indargabetzeko ere. Talde bakezaleak behin eta berriz adierazi zuen ETAko presoen sakabanaketaren aurka zegoela. Izan ere, uste zuen ez zuela betetzen zigortua jatorrizko lekutik hurbil birgizarteratzen laguntzeko konstituzio agindua, eta sufrimendu handia eragiten ziela presoen senideei, hilero 1.000 kilometro baino gehiagoko bidaiak egin behar izaten baitzituzten presondegietara iristeko. Sakabanaketaren aurka egiteak ez zuen esan nahi ETAren ingurune politikoak defendatzen zuen elkartzeko proposamenarekin ados zegoenik, eta are gutxiago amnistiarekin. Alternatiba gisa, presoak Euskadiko edo inguruko autonomia erkidegoetako espetxeetara hurbiltzearen alde egin zuen. Planteamendu hori irmo defendatzeak kritika gogorrak ekarri zizkion, bai ETAri mesede egiten ziola uste zutenengandik, bai jarrera epela zela, eta ez behar adinakoa, uste zutenengandik. Eta barneko desadostasun batzuk ere sortu zituen. Jazarpen indarkeriaren garaian, mugimenduarentzat erronka zaila izan zen kale indarkeriaren eta presoen sakabanaketaren arteko lotura. Bai klase politikoak bai sare erradikalak instrumentalizatu egiten zuten eta BAK instrumentalizazio hori deuseztatzen ahalegindu zen (ez zuen lortu baina):

> Presoak hurbiltzeari buruzko eztabaida ez da lehenetsi edo baldintzatu behar kale indarkeriaren edo biktimen arabera, hau da, ezin da argudiatu kale indarkeria presoen urruntzearen ondorioz gertatzen dela, ezta sabotajeak eta mehatxuak amaitu arte ez dela hurbilketarik egin behar ere. Koherentzia etikoagatik, aldi berean bultzatu behar dira hurbilketa, kale indarkeriaren justifikaziorik eza eta biktima guztiekiko errespetua eta laguntza solidarioa (Urkiola, 1999).

EZKER ABERTZALEAREN ILEGALIZAZIOEI BURUZ

Popularren eta sozialisten adostasunarekin, 2002. urtearen erdialdean Alderdien Legearen erreforma eztabaidatsua aldarrikatu

zen. Lege horrek ezartzen zuen zer jokabidek ekar zezaketen indar politiko bat legez kanpo uztea parametro demokratikoak ez errespetatzeagatik. Santa Polako atentatua gertatu (2002) eta Batasunak hura gaitzesteari uko egin ondoren, Gobernuak alderdi hori legez kanpo uzteko prozesua abian jartzea erabaki zuen. Euskadin, PPk eta PSOEk uste zuten horrek ez ziola pluralismoari kalterik egiten, eta indar abertzaleen ustez, berriz, euskal mapa politikoa desitxuratzen zuen. Abertzaleek azpimarratu zuten legez kanpo uzteak bakea lortzea zailtzen zuela, ezker abertzalearen aldeko iritzi publikoaren babesa susta zezakeelako, hain zuzen ere, ezker abertzalea krisi sakonean zegoen une hartan, hauteskundeetan atzera egin zuelako eta Aralar alderdia ETAren ingurunetik aldentzen ari zelako indarkeriaren aurkako tesiarekin.

2008an, euskal herritarren erdiak baino gehiago ez zeuden ados ezker abertzalearen hauteskunde markak bat bestearen ondoan legez kanpo uztearekin. Hala ere, hiru euskal herritarretik bik, eta hautesle abertzaleen % 60k baino gehiagok, indarkeria gaitzesteko eskatzen zioten Batasunari, legeztatzea errazteko (Sáez de la Fuente, 2011: 22). Gai horretan, Koordinakundeak defendatzen zuen jarrera planteamendu abertzaleetatik hurbil zegoen. Lehenik eta behin, uste zuelako "pentsamenduak ez duela deliturik egiten" eta Zigor Kodeak nahikoa tresna zituela terrorismoaren apologia egiten zuten pertsonak zigortzeko. Bigarrenik, beraren iritziz, legez kanporatzeak eraso egin ziezaiokeelako ordezkaritza politikoari. Azkenik, ezker abertzalea legez kanpo uzteak haren diskurtso biktimista elikatzen zuela argudiatzen zuen. Ilegalizazioen aurka agertu zen bezala, oso kritikoa izan zen ezker abertzalearen jokabidearekin; izan ere, ezker abertzaleak, ustez pairatzen zuen "*apartheid* politikoa" salatzeko, presio kanpaina gogorrak egin zituen hainbat herritako alkate eta zinegotzien aurka. Legezkotasunera itzuli ondoren, Koordinakundeak azpimarratu zion ez zela nahikoa estatutuak formalki demokratikoak izatea; beren kultura demokratikoa praktikan frogatu behar zutela.

ARIKETA 3

Bakearen Aldeko Koordinakundearen planteamendu batzuk bereziki eztabaidatsuak izan ziren. Izan ere, neurri batean behintzat, euskal gizartearen eta klase politikoaren polarizazioa elikatzen zuten hainbat eskema apurtzen zituzten. Horrela, BAKek sentsibilitate politiko ezberdinetan oso errotuta zeuden usteak zalantzan jartzen zituen. Hartu gogoan planteamendu hauek:

- Edozein pertsonak min hartu ahal eta behar zuen biktima guztien sufrimenduarekin eta heriotzarekin. Biktimak ez ziren nireak (ETArenak), edo zureak (Estatu terrorismoarenak), baizik eta gureak (ETArenak eta Estatu terrorismoarenak).
- Aurkaratu beharrekoa ez zen proiektu politiko nazionalisten defentsa, baizik eta jarrera totalitarioak eta indarkeria erabiltzea proiektuak lortzeko.
- "Jazarpen indarkeria" garbiketa ideologikorako berariaz erabakitako estrategia sistematikoa izan zen eta demokraziaren oinarriak mehatxatzen zituen.
- ETAko presoek eskubidea dute Euskadiko edo erkidego mugakideetako espetxeetara hurbiltzeko, baina ez berriz elkartzeko.

Hausnartu planteamendu horiei buruz:

- Nola argudiatzen zituen BAKek?
- Nortzuk zeuden kontra? Zergatik?
- Non kokatzen zara zu? Zergatik?

3. INDARKERIA JUSTIFIKATZEN DUTEN MITOEN DEUSEZTAPENA

Bakearen Aldeko Koordinakundeak bi elementuren uztartze emankorra lortu zuen: batetik, gogoeta etiko-politikoa egin zuen injustiziaz eta helburu politikoak lortzeko indarkeria erabiltzearen ilegitimitateaz —ezkutuko BAK— eta, bestetik, askotariko estrategia berritzaileak erabili zituen herritarrak kontzientziatzeko eta mobilizatzeko. Giza eskubideak oinarritzat hartuta, planteamendu hauek aldezten zituzten: indarkeriaren eta politikaren arteko bereizketa; gizartearen pluralismoa; sistema autonomikoaren eta hura guztiz garatzearen zilegitasuna; aldaketak egiteko aukera, betiere gehiengoaren babesa izanda eta demokratikoki berretsita; eskubide indibidualen lehentasuna kolektiboen gainetik; ETAko presoak euskal espetxeetara hurbiltzea, gizarteratzea errazteko eta haien senideak zigortzea saihesteko; eta alderdi politikoak legez kanpo uzteari buruzko jarrera kritikoa, demokraziaren kalitatean zituen ondorioengatik. Aurreko ataletan jarrera horietako batzuk azaldu badira ere, orain kultura demokratikorako eta gizarte baketsu eta pluralista eraikitzeko funtsezko ideiak nabarmendu nahi ditugu BAKen legatutik. Eta erakutsiko dugu nola laguntzen duten ideia horiek ETAren eta haren ingurunearen narratibaren oinarri izan diren mito nagusietako batzuk etikoki deuseztatzen, alegia, helburu politikoak lortzeko indarkeriaren erabilera justifikatzeko erabili dituen mitoak.

EUSKAL HERRITARREN HOMOGENEOTASUNA

Mito horrek azpimarratzen du euskal herritarren komunitatea homogeneoa izan dela historikoki, eta ezaugarri berezi jakin batzuk partekatzeaz gain, hala nola hizkuntza eta lurraldea; identitate nazionalista, proiektu politiko independentista eta ezkerreko orientazio ideologikoa defendatzen dituela pitzadurarik gabe. Mito horren arabera, euskal herria errotik bereizten da espainiar herritik, eta etikoki eta politikoki negatiboak eta mespretxuzkoak diren ezaugarriak egozten zaizkio espainiar herriari (inbaditzaileak, okupak, fatxak, etab.), eta, beraz, ez da posible identitate mestizoak egotea, hau da, pertsona bat aldi berean euskalduna eta espainiarra edo euskalduna eta ez-abertzalea sentitzea. ETAk indarkeriaren alde egindako aukera euskal gizarte osoak partekatzen zuen jarrera balitz bezala aurkezten zen, eta desadostasun oro legez kanpokotzat jotzen zen. Horrek esan nahi zuen desberdin pentsatzen zuen edonor komunitatetik kanporatzea, ez zelako "benetako euskalduna" eta herriaren interesetarako mehatxua zelako. Ikusi dugunez, kanporatze hori jazarpen eta larderia prozesu gogorren bidez lortu zen, eta prozesu horiek kasu askotan erailketa ekarri zuten.

Euskal gizartea plurala izan da historikoki (Rivera eta Sáez de la Fuente, 2024), eta plurala izan da, halaber, indarkeria estrategia politiko gisa baloratzean. Hori ez dator bat homogeneotasunaren mitoak baieztatzen duenarekin eta argi eta garbi ageri da BAKen "Ez nire izenean" lelo ezagunean. Indarkeriaren aldeko eta kontrako kale manifestazioen arteko kontrastea izan zen desadostasun horren agerbide nabarmenetako bat. Nahiz eta trantsizioan eta, bereziki, berunezko urteetan ETA babesteko esloganek eta mobilizazioek kontrolatu kalea, 80ko hamarkadaren amaieratik aurrera espazioa partekatu behar izan zuten, tentsio gero eta handiagoko giroan, indarkeriaren aurkako jarrera eta biktimekiko elkartasuna publikoki erakutsi nahi zuen euskal gizartearen zatiaren bilkurekin. Aniztasunaren ageriko froga horren aurrean, ETAren inguruak ekintzaile bakezaleak ikaratu eta jazartzera jo zuen, "Guardia Zibilaren seme-alabak" edo "espainolazoak" zirela leporatuz,

deskalifikatzeko eta bestelako jarrerak isilarazteko. Mobilizazio horietan gizartearen sektore txiki batek parte hartzen bazuen ere, elkarretaratze jakin batzuetan, 90eko hamarkadako bahiketen ondorioz egindakoetan esaterako, parte-hartzea nabarmen hazi zen. Miguel Ángel Blancoren bahiketak eta erailketak aurrekaririk gabeko mobilizazioa eragin zuten, 1997ko uztailaren 11ko eta 12ko zorigaiztoko 48 ordu haien ondoren, eta horrek agerian utzi zuen profil ideologiko desberdineko pertsonek, abertzaleek eta ez-abertzaleek, zenbateraino gaitzesten zuten ETA.

IRITZI PUBLIKOAREN JARRERA DESBERDINAK INDARKERIAREN AURREAN

Indarkeriaren ziklo osoan zehar bereziki kontzientziatuta eta konprometituta zeuden gutxi batzuk baino ez ziren manifestatzen haren kontra. Horren arrazoiak bat baino gehiago ziren ziur asko, besteak beste, jendeak pentsatzea indarkeriaren aurka mobilizatzeak kostu pertsonal handia zuela, edo alferrikakoa zela, edo beraiei ez zegokiela, edo proiektu politiko nazionalista zalantzan jar zezakeela. Aitzitik, euskal gizartearen gehiengoa publikoki manifestatu ez bazen ere, horrek ez du esan nahi indarkeriaren alde zegoenik. Izan ere, Euskobarometroaren datuek erakusten dutenez, indarkeriaren aurka zeuden pertsonen ehunekoa pixkanaka hazten joan zen. 80ko hamarkadaren amaieran, EAEko hamar herritarretik zortzik uste zuten indarkeria ez zela beharrezkoa helburu politikoak lortzeko, eta uste horretatik HBko hautesleak baino ez ziren aldentzen nabarmenki; hamarkada bat geroago, ehuneko hori % 90era hurbildu zen, eta, beraz, gutxi batzuk ziren indarkeria babesten zutenak, ezker abertzale osoa ere ez.

Era berean, euskal herritarren artean nabarmen areagotu zen ETAren erabateko gaitzespena: 1981ean lau pertsonatik batek bakarrik erakusten zuen erakundearen aurkako erabateko jarrera, 1989an ia bitik batek, eta 2010ean, behin betiko su etena deklaratu aurretsuan, hirutik bik. Bitartean, aldi horretan bertan, "Ez daki/Ez du erantzuten" aukera hautatzen zuten pertsonen portzentajea

guztizkoaren ia % 50etik % 16ra igaro zen 80ko hamarkadaren amaieran, eta % 2ra 2010ean; joera aldaketa horren arrazoia izan daiteke euskal herritarrak beren jarrera argiago definituz joan zirela demokrazia sendotu eta indarkeriaz gogaitu ahala, eta/edo beldurra galdu ziotela beren jarrera adierazteari. "Erabateko babesa" erantzuna, beti oso minoritarioa izan bazen ere, 2010ean desagertu egin zen; "zeharkako legitimazioak", berriz, areagotu egin ziren eta 2000ko lehen hamarkadaren amaieran biztanleriaren laurden batek aukeratu zituen. Esate baterako, "helburuak bai/bitartekoak ez" kontrajarpenak planteamendu nazionalistaren interpretazio batera garamatza: indarkeriazko metodoak gaitzesgarriak izan arren, ekintza armatuen atzean zeuden helburu politikoak positiboak eta desiragarriak ziren; edo, beste era batera esanda, indarkeria arazo politiko baten ondorioa zen eta arazo hori konpondu behar zen indarkeria desagertzeko. Era berean, iraganaren eta orainaren arteko kontrajarpena ("lehen bai eta orain ez") bi ETAren arteko bereizketan oinarritzen zen: ETA ona —diktadurakoa edo trantsizioaren lehen urteetakoa— eta ETA txarra —demokrazian ziharduena—.

TAULA 1

HERRITARREN ETAREKIKO JARRERAREN BILAKAERA, 1981-2010

JARRERA	1981	1983	1989	2003	2006	2010
Erabateko babesa	8	6	3	1	1	0
Justifikazio kritikoa	4	4	5	1	2	3
Helburuak bai/bitartekoak ez	3	2	9	11	13	12
Lehen bai/orain ez	12	6	15	14	17	12
Berdin die	1	1	3	2	2	5
Beldurra ematen du	1	2	4	5	2	4
Erabateko gaitzespena	23	41	45	64	61	62
Ez daki / Ez du erantzun	48	28	16	2	2	2

Iturria: Geuk sortua, Euskobarometrotik ateratako datuetan oinarrituta (serie kronologikoak).

Euskal gazteek ere ez zioten erabateko babesik eman ETAri. Egia da erakundea eta haren ingurua gizarte mugimenduetan

(ekologista, antimilitarista, feminista, etab.) sartzen ahalegindu zirela mugimendu horiek instrumentalizatzeko asmoz, eta lehentasunezko arreta eskaini ziotela gazteen sozializazioari haien mobilizazio estrategietan eta leloetan. Horrela, gazte izateko eta Euskal Herriaren identitatearen eta interesen alde jarduteko modu bakarra zegoela erakusten saiatzen ziren: ezker abertzalearen barruan jardunez, haren mobilizatzeko moduen zerbitzura eta edozein "konpromiso" hartzeko prest, indarkeriaren erabilera barne. Eta, hain zuzen ere, ezker abertzaleko gazteak izan ziren sufrimenduaren sozializazioa modu erabakigarrian markatu zuten kale borrokako ekintzen protagonista nagusiak, eta haietako asko ETAren komandoetako kideak izan ziren azkenean. Baina, era berean, gazteak izan ziren batez ere indarkeriaren aurkako mobilizazio bakezalea gidatu zutenak, eta, zehazki, Bakearen Aldeko Koordinakundea sortu zutenak, eta haietako askorentzat benetako demokrazia eskola bihurtu zen. Nolanahi ere, Euskadiko gazte gehienak alde batera geratu ziren, gainerako herritarrak bezala, eta bestelakoa izan zen jarrera nagusia: indarkeria arbuiatzea eremu pribatuan eta jarrera axolagabea izatea eremu publikoan.

Koordinakundeak salatzen zuen euskal herritar axolagabe haiek Nobert Bilbenyk (2006) deskribatzen zuen "ergel moral"aren gisan jokatzen zutela: ongia nahita urratu baino gehiago, ongiari "ihes" eginez, bere gotorleku pribatuan erretiratuta eta arrazoi eta egitateekiko axolagabe. Ana Rosa Gómez Moralek zioenez, "[...] bestearen eskubideekiko erantzukizun moral ukaezinaren ideiatik oso urrun dagoen jarrera", Levinasek defendatzen duen erantzukizunaren ideiatik urruti, alegia: "bestearen ardura dut, harenik espero gabe, horretan bizitza badoakit ere" (Gómez Moral, 2013: 22). Jarrera pasiboa eta axolagabea zutenek ez zuten parte hartzen Hannah Arendtek "gaizki erradikala" deitzen zuen horretan (adibidez: hilketak, bahiketak, estortsioak, etab.), baina "gaizkiaren hutsalkeriari" laguntzen zioten, hau da, indarkeriaren normalizazioari (Arendt, 1948). Jarrera hori deskribatzeko, BAKek Gandhiren hitz hauek aipatzen zituen: "jende txarraren gauza txarren gauzarik txarrena jende onaren isiltasuna da" (Gómez Moral, 2013: 21).

Azkenik, azpimarratu behar da planteamendu politikoen aniztasuna ETAren barruan ere gertatu zela, eta, batez ere, ezker abertzalearen baitan: barne desadostasunak eta haustura batzuk izan zituen, hain zuzen ere, indarkeriaren erabilerari buruzko desadostasunengatik. Trantsizio betean, ETA politiko-militarraren desegite kolektiboa gertatu zen Euskadiko Ezkerra (EE) alderdiaren eskutik. Haren orbita ideologikokoa zen, eta indarkeriazko estrategia bertan behera uzteko beharraren ideia inposatzea lortu zuen, neurri batean behintzat 23-Fko estatu kolpe saiakerak agerian jarri zituelako demokrazia eta estatu autonomikoa sendotzeko arriskuak. 80ko hamarkadaren amaieran, Elkarri sortu zen ezker abertzalearen baitatik, elkarrizketaren eta akordioaren aldeko gizarte mugimendua izateko asmoz. Haren jarraitzaile askoren kasuan, horrek ez zuen ekarri HB uztea, baina bai koalizio erradikalarekiko distantzia bat erakustea, indarkeria babesteari utzi eta hura desagertzearen alde lan egitea baitzekarren (Calleja, 1997: 140). Era berean, 2000ko lehen hamarkadaren hasieran, Nafarroan, Aralar aurkeztu zen jendaurrean alderdi politiko gisa eta ezker abertzaleko proiektu politiko bat babesteko aukera eskaini zien indarkeria berariaz gaitzesten zuten nafarrei.

GARBIKETA IDEOLOGIKOAREN ETA HILDAKOAK PATRIMONIALIZATZEAREN AURKA

Euskal Herriaren homogeneotasunaren mitoak balio izan zuen ez bakarrik biztanleriaren sektore jakin batzuei sinetsarazteko euskal gizartea ez zela plurala, askotarikoa, baita polarizazio identitario eta politikoa elikatzeko ere, eta horrek zaildu egin zuen desberdinen arteko bizikidetza baketsurako ezinbestekoak ziren elkarreragin demokratikoko estrategiak garatzea. Muturreko kasuetan, mito hori koartada moduan erabili zen desberdin pentsatzen edo sentitzen zuenaren ezabaketa justifikatzeko, hots, garbiketa ideologikoa egiteko, aniztasunaren ukazio adierazpen gorena: "Euskadin bizi diren guztiak ez dira 'benetako euskaldunak'" (Zubero, 1998: 119-120). Mito horrekin "aurkaria" "etsai" edo "traidore" bihurtzea lortu zen, komunitatetik kanporatu behar zen, eta,

beraz, komunitatearen ardura guneetatik. ETAren edozein erailketaren aurretik biktimak deshumanizatzeko eta kosifikatzeko prozesu bat egin ohi zen, eta Bakearen Aldeko Koordinakundeak behin eta berriz kritikatu zuen hori, biktimak ez aitortzea zela salatuz. Erakunde bakezalearentzat, Euskadin arazoa ez aitortzea izan zen, ez ezagutzea (Aspuru, 2010: 60). Euskal gizartea ez zegoen elkarren berri ez zuten etsaien multzo anonimotan zatituta. Auzokideak, ikaskideak, lagunak, are, lehengusu-lehengusinak edo neba-arrebak ziren, harik eta, une jakin batean, batzuek, gorrotoaren sozializazioaren ondorioz, bizitza kausa baten zerbitzura jarri eta gainerako guztiak beren komunitatearen elkarren mendekotasuneko sareetako ezinbesteko kidetzat aitortzeari utzi eta erasotzaile edo etsaitzat ikusten hasi ziren arte.

> [...] gizarteko elkarren mendekotasuna bizitzaren ezaugarria da, eta [...] indarkeria elkarren mendekotasun horren aurkako erasoa [da], pertsonen aurkako erasoa, bai, baina agian, modu funtsezkoagoan, loturen aurkako erasoa da. [...] norbera mendekoa da, besteekiko harremanetatik sortu eta sostengatzen gara. [...] bestearen aurkako indarkeria norberaren aurkako indarkeria da [...] (Butler, 2020: 25-26 eta 32).

Polarizazio eta kanporatze fenomeno hori argi eta garbi islatzen da ezker abertzaleak ETAk hildakoen aurrean zuen jarreran eta "bere hildakoen" "patrimonializazioan". Alde batetik, erakundeak eragindako biktimei erreferentzia egiteko "Herriak ez du barkatuko", "ETA, hil itzazu" eta pareko esaldiak etengabe erabiltzeak argi erakusten zuen, ardura guneetatik kanporatzeaz gain, biktimak ezabatzera behartzen zuen agindu moral bat zegoela. Bestetik, ETAk eta haren ingurukoek aldarrikatzen zuten euren hildakoak (adibidez, manipulatzen ari ziren lehergailu baten eztandaren ondorioz hildako erakundeko aktibistak, edo Estatuko Segurtasun Indar eta Kidegoen esku edo espetxean hildakoak) eurenak baino ez zirela, eta ez zuela beste inork haiengatik negar egin behar, hori besteen minean bidegabe sartzea eta min hartaz jabetzea zela interpretatzen baitzuten. Hala adierazten dute gertaera hauek:

> [...] Bilboko Bolueta auzoan auto bat lehertu zenean, barruan ETAko lau kide zituela, Santiago Gonzálezek, Egia, Justizia eta Oroitzapena zeritzan taldearen izenean, gutun bat argitaratu zuen *Gara* egunkarian, honako hau esanez: "Bakearen Aldeko Koordinakundeak, modu hipokritan, gure senideak bere 'minaren eremuan' sartu zituen, ondoren iraintzeko esanez 'borondatez aukeratu' zutela indarkeriaren bidea" [...] Koherenteagoak dira Basta Ya edo Gasteizko Legebiltzarreko talde "konstituzionalistak", jarrera politikoa argi eta garbi jaso eta eurenak omentzera mugatzen baitira (Gómez Moral, 2002a: 87-88).

> 1989ko azaroan Madrilen ultraeskuineko sektoreek Josu Muguruza HBko diputatu hautetsia hil ondoren, Bakearen Aldeko Koordinakundearen presentzia ez zen ondo hartu: "Eraso egin ziguten. Pankarta kendu ziguten. Sentimenduak kontrolatu nahi zituzten, eta zera pentsatzen zuten: 'ezin duzu minik hartu zurea ez den hildako batengatik'" (Aspuru, in Olabarri, 2011).

Euskadin motibazio politikoko indarkeriak eragindako edozein heriotzaren ondoren manifestatzen zenean, BAKek bere egiten zituen hildako guztiak, eta denen heriotzagatik mintzeko eta haserretzeko eskubidea erreibindikatzen zuen; horixe esan nahi du Butlerrek bizitza guztiei zor zaiela dolua eta negarra dioenean (2020). Heriotzari errotik aurre egiteko modu horrek moral bikoitza aurkaratu nahi zuen, irmo azpimarratuz heriotza bakar bat ere ez zela ez ona ez beharrezkoa, ezta besteei bizia kentzeko prest zeudenena ere:

> Moral bikoitzean, hiltzailea eta hildakoa nor diren, horren arabera hartuko da hilketa krimentzat; torturatua nor den, horren arabera salatu beharko dira torturak; giza eskubideak norentzat diren, horren arabera eskatu beharko dira. Azken batean, indarkeria nork erabiltzen duen eta noren aurka erabiltzen duen, horren arabera izango da txarra eta arbuiagarria. [...] ahalegintzen jarraitu behar dugu jendea kontzientziatzen eta elkarretaratze isilen benetako filosofia zein den transmititzen: beste bizitza bat galdu dela deitoratzea

eta salatzea, biktima nor den kontuan hartu gabe (Bakearen Aldeko Koordinakundea, 1995a).

NAZIONALISTEN ETA EZ-NAZIONALISTEN ARTEKO POLITIKA FRONTEZALEAREN AURKA

Euskal herritarren homogeneotasunaren mito horrek bizitza politikoaren polarizazioa ere elikatu zuen eta garai historiko jakin batzuetan nazionalistak ez ziren indar politikoak baztertzeko joera egon zen. Horren adierazpen nagusia Lizarrako Ituna (1998) sinatzea izan zen, Ajuria Eneko Ituna hondoratu eta, Miguel Angel Blancoren hilketaren ostean (1997), Ermuko espiritua lehertu ondoren. Itun hori indar politikoek, sindikatu abertzaleek, Ezker Batuak (IU) eta Elkarrik sinatu zuten, eta autodeterminazio proiektua aurrera ateratzea zuen helburu, aldez aurretik ETAri indarkeria bertan behera uzteko eskatu gabe eta abertzaleak ez ziren indarrak Euskadiren estatus juridiko-politikoari buruzko eztabaida politikotik kanpo utzita. Indar horien artean, Lizarrako Ituna identitatea berresteko proiektu baztertzailetzat hartu zen, euskal gizartearen hausturak sakontzen zituelakoan, egintza burutuen politika aplikatzen baitzuen, hau da, Estatuak ituna onartu beharko zuen, solaskide gisa aintzat hartua ere izan gabe. Koordinakundeko ordezkari batzuek Itunaren zentzua kritikatu zuten, elkarrizketa aldeaniztun bat inplikatu beharrean, subiranotasunaren aldeko prozesu bat sustatzera mugatu zelako (Urkiola, 2003: 71).

Abertzaleen eta ez-abertzaleen arteko dinamika frontezalea gordin agertu zen Fernando Buesa lehendakariorde ohi eta Arabako sozialisten burua eta haren eskolta Jorge Díez (2000) erail ondorengo manifestazioan. BAKek salatu zuen bezala, bertan hiru bloke gelditu ziren agerian: batetik, ETAren aurkako oihuei euskal nazionalismoaren kontrako irainak eta kritikak gehitzen zizkietenak eta Ibarretxe lehendakariaren dimisioa eskatzen zutenak; bestetik, Lehendakariari babesa adierazten ziotenak; eta, erdian, BAKeko talde bat, hainbat lelo erakutsiz, besteak beste, "Zein herri eraiki nahi dugu, hilketaren aurka elkarrekin ez bagoaz?" (Zubero, 2002: 44).

Txema Urkijoren gogoetak Fernando Buesaren eta Jorge Díezen hilketaren 20. urteurrenean (2020ko otsaila)

Gaur 20 urte dira jazo zela. Memoria egingo dut; iragana gaur berreraikitzeko ariketa hori, orainaz eta etorkizunaz ere hausnartzen laguntzen didana [...] Erdian joatea. Erdian, bi blokeak batzen; erdian, batasunik eza salatzen. Euskal Herriko Bakearen Aldeko Koordinakundean hartutako erabakirik mingarriena izan zen. [...] Era berean, bizi-bizirik dut manifestazioaren hasierako uneetan hartu gintuen urduritasun sentsazioa, ibilbidean nahi genuen tokian, "erdian", sartzeko zailtasunak izan genituenean. [...] Gero, gehiago izan ziren eskerrak eman zizkiguten pertsonak, zatiketaren deserosotasuna saihesteko aukera eskaini genielako, eta hilketengatik protesta publikoa egiteko konpromisoari eutsi ahal izan ziotelako. Sinestu ezinik eta haserre ikusten zuten nola pasatzen zen manifestarioaren zati bat helburua nahastuta, Lehendakariari babesa emateko oihuak botatzen, hilketak gaitzesteko oihuak eta ETAren aurkakoak bota beharrean edo, beti bezala, isiltasun sinbolikoarekin protesta egin beharrean. Eta gure talde txikia iristean, handitu egiten zuten gogotsu eta pisua kenduta. [...] Gertaera triste horrekin ekin genion indarkeriaren aurreko gizarte zatiketaren etapa beltzari, ETAren hilketen ondorengo elkarretaratze bikoitzei, elkarri bizkarra emanda. Halakoxea izan zen mendearen hasiera tragikoa. [...] Oztopo nagusia, gehien mindu gintuena, eraildakoen senideekin ez egotea izan zen. Gure erantzukizuna eta zuzen jokatzen ari ginelako uste osoa Fernandoren eta Jorgeren senideei lagun egitearen eta baldintzarik gabeko elkartasuna erakustearen aurretik jarri genituen. [...] Ezin genuen zirkinik egin gabe ikusi Ajuria Eneko Itunaren helburu preziatuena, luzaroan borrokatua eta itzuli-mitzulika lortua, nola urtzen zen. Berriro ageri zen gure arteko zatiketa eta banaketa lerroa. Atzerapausoa, izuak irautearen alde zeudenek bakarrik probestu zezaketena. [...] Gaur, hausnarketa autokritikoa eskatzen dugunean iraganeko zauriak sendatzeko, batzuk interpelatuta sentitu beharko lirateke garai hartako jokabideagatik. Oroimenaren ispiluak atseginak ez diren irudiak itzuliko dizkie. Harrokeria pertsonalak eta interes alderdikoiak nagusitu ziren, krimena aringarririk gabe kondenatzea eta krimenaren

biktimekiko elkartasuna lehentasun nagusi ziren garaian. Eta euskal gizarteak asko irabaziko luke autokritika hori akatsak egin zituzten publizitate berarekin egingo balute.

Iturria: https://n9.cl/ruq9c.

HELBURUEK BITARTEKOAK JUSTIFIKATZEN DITUZTE

ETAk justifikatutzat jotzen zuen indarkeria, baita bertutetsutzat ere. Aitzitik, ikuspegi etikotik, indarkeriaren erabilera legez kanpokoa eta bidegabea da, pertsonak (biktimak) instrumentalizatzen dituelako, kausa jakin baten zerbitzura sakrifika daitezkeen objektu manipulagarri moduan tratatzen dituelako. Horrela, Kanten printzipioa urratzen da, alegia, pertsona oro bere baitan helburu bat dela, bere bizitzarekin zer egin nahi duen autonomiaz erabaki dezakeena, eta ez beste batzuek ezartzen dituzten xedeen zerbitzura dagoen bitarteko bat. BAKek ETAren eta haren ingurukoen kontraesanaz ohartarazten zuen: batetik, bizitza, askatasuna, herria edo kultura bezalako balioak defendatzen zituzten modu abstraktuan, eta, aldi berean, eraso egiten zioten balio horiek beren proiektu politikoaren kontrakotzat jotzen zituzten pertsonen bizitzarako, askatasunerako eta duintasunerako eskubideetan gauzatzeari. Joko makabro horren barruan, indarkeriaren estrategek biktimak deshumanizatu nahi zituzten, baina, BAKek azaldu bezala, beste horrenbeste egiten zuten beren aktibistekin. Indarkeriazko ekintzak biktimagilearen aldez aurreko deshumanizazioa inplikatzen zuen; izan ere, hiltzen hiltzea onartzen zuen, beste instantzia sakratuago bat zegoelako, herri oso baten biziraupena. Ikuskera horren azpian lelo ezagunak zeuden, hala nola "Euskal Herriagatik hil, Espainiagatik erail".

Gainera, bitartekoen eta helburuen arteko loturaren ulerkera kritikoak argi erakusten du indarkeriaren ustezko eraginkortasun politikoa gezurra dela; izan ere, nahi ez diren edo "zikinak" diren

bitartekoak erabiltzeak *a priori* laudagarriak diren helburuak usteltzen ditu azkenean. Hori bereziki argia zen ETAk eta haren ingurukoek Euskadiren autodeterminazioa eta independentzia defendatzen zuten eran, baina agerian geratu zen, halaber, hainbat gizarte mugimendu bereganatzeko ahaleginean, haien kausak beren proiektu politikoaren zerbitzura jartzeko, haien diskurtsoak eta aktibistak kontrolatzen saiatuz. Ondorioz, mugimendu horien baitan haustura sakonak sortu ziren, eta jarraitzaileen zati handi bat, bitarteko bortitzen erabilerarekin eta/edo arazoaren irakurketa subiranistarekin bat ez zetozenak, desmobilizatu egin ziren.

> [...] Estatuari egindako erasoez gain, Estatua frankista ala demokratikoa zen bereizi gabe, ETAk eta haren aldeko sare politikoak orduko gure gizartean ugari ziren bidezko kausa sozial askotan esku hartzen zuten etengabe. Beti zorrotz bete zuten edozein mugimendu sozial berri fagozitatzeko estrategia, ekologismoa esaterako: Lemoizko zentral nuklearraren eraikuntzaren aurka egindako lan garbi eta saiatua lurperatuta geratu zen ETA kausa horretaz jabetu eta doluz jantzi zuenean. Eta, mugimenduren batek aurka eginez gero, izaera nazionaleko paralelo bat sortzen zuten, herritarren arazoetan presente egoteko eta, horrela, jendearen onespena lortzeko (Gómez Moral, 2013: 19).

Horrelako gogoetek eraman zuten BAK bere mobilizazioetan Gandhiren eslogan klasikoak erabiltzera, hala nola: "Ez dago bakerako biderik, bakea da bidea" eta "Bitartekoak helburuetan daude, hazia zuhaitzean bezala". Gómez Moralek ideia horiei heldu zien berriz ere salatzeko ETA ahalegintzen zela "[...] indarkeriazko bitartekoak justifikatzen bere helburuen justiziaren bidez, helburuen justizia bere bitartekoen zilegitasunaren bidez bermatu beharrean" (Gómez Moral, 1997).

Hasiera batean, erakunde bakezalearen salaketa indarkeriaren erabileran (bitartekoetan) zentratu ohi bazen ere, denborarekin eta mehatxua zabaldu eta areagotu ahala, ETAren proiektuaren izaera totalitarioa (helburuak) ere jarri zuen zalantzan esplizituki, eta paralelismoak egin zituen giza eskubideak eta balio

demokratikoak urratzen zituzten legez kanpoko beste proposamen batzuekin:

> Nazismoa ez zen zilegi [...] Ez da zilegi, modu baketsuan jardun arren, proiektu politiko arrazista bat, edo gutxiengo —edo gehiengo— etniko, erlijioso eta abarren diskriminazioak proposatzen dituena. Helburuei buruz esan dena are argiagoa da bitartekoei aplikatuz gero. Gutxiengoen diskriminazioa helburu moduan onartzen ez badugu, [...] are gutxiago onartuko dugu praktikan ikustean. [...] Bitartekoen eta helburuen arteko bereizketa ezinezkoa da praktikan [...] Indarkeriazko dinamikak halako moldez kutsatzen du praxi politikoa, non ezinezkoa baita bereiztea (Urrutia, 1997).

Azkenik, indarkeriaren eraginkortasunik eza agerian gelditu zen; izan ere, inongo gatazkarik konpondu beharrean, azkenean helburu bihurtu zen, bere neurrira egindako errealitate bat, hau da, errealitate bortitzago bat sortu zuen. Butlerrek ezin argiago ohartarazi du arrisku horretaz:

> [...] Posible al da indarkeria indarkeria —haren egiturak, erregimenak— garaitzeko tresna edo bitarteko hutsa izatera mugatzea eta helburu ez bihurtzea? [...] tresnaren erabilerak mundu mota bat eraikitzen edo berreraikitzen du, eta erabilera horretan errotutako ondarea aktibatzen du. Gutako edozeinek indarkeriazko ekintzak egiten dituenean, mundu bortitzagoa eraikitzen ari da ekintza horien bidez [...] (Butler, 2020: 21 eta 27).

Euskal Herriko kasuan, indarkeria helburu bihurtu zen. ETAk eta haren ingurukoek sakrifizioz eta martir izaeraz jantzi zuten biktimagilea, eta horrek indarkeriaren izaera garbitzailea, berreslea eta erregenerazionista azpimarratzen zuen: "Euskadik ez du heroi bizirik onartzen, baina bere heroi hilak gurtzen ditu, eta haiek isuritako odoletik indar berriak ateratzen ditu borrokan jarraitzeko" (KAS, 1979). BAKen hitzetan, "martiriaren" ondarea egindako "sakrifizioen" tamainan adierazten

zen. Beraz, ez zen doktrina isuritako odola justifikatzen zuena, baizik isuritako odola kausaren ontasun eta moraltasunaren berme eztabaidaezina irudikatzen zuena: "Martirio propioari bakarrik egiten zaio omenaldia [...] pertsonek beren garbitasun ideologikoa erakutsiko duen sakrifizioaren neurria beste zentzurik ez dute" (Gómez Moral, 2002b: 18; 2004: 21). Zuberok argi deskribatu zuen nola funtzionatzen zuen logika horrek ETAren eta ezker abertzalearen barruan agerian gera ez zedin heriotzak hilketak baino ez zirela:

> [...] biktimagileak indarkeria justifikatzeko helburu politikoak aipatzen dituenean, goitik beherako zurrunbilo batean erortzen da. Uste duenez indarkeria ezinbestekoa dela lorpen jakin batzuk (horiek ere ezinbestekoak) erdiesteko, erdiesten ez baditu bere indarkeriarako ahalmena gero eta gehiago hobetzera behartuta dago. Zergatik torturatzen eta hiltzen duzu? Nire helburu politikoak erdiesteko beharrezkoa delako. Zergatik jarraitzen duzu torturatzen eta hiltzen? Orain arte ez ditudalako lortu, eta orain torturatzeari eta hiltzeari utziko banio, *serial killer* bat bezalakoa izango nintzatekeelako (Zubero, 1998: 122).

ARIKETA 4

Euskadin indarkeriaren aurka zeudenek ETAren eta haren inguruaren kontraesanaren absurduaz ohartarazten zuten: "Euskal Herriaren autodeterminazio eskubidea" indarkeria erabiliz defendatzen zuten eta indarkeria horrek errotik ukatzen zuen herri horretako kide batzuen autodeterminazio indibidualerako eskubidea, batez ere haienarekin bat ez zetorren norabidean "autodeterminatu" nahi zutenena.

- ETAk eta ezker abertzaleak ez zuten uste horrelako kontraesanik zegoenik. Nola argudiatzen zuten?
- Zer uste duzu zuk? Bat al zatoz BAKekin? Kontraesan hori dagoela uste duzu? Zergatik?
- Kontraesan horrek agerian uzten du indarkeriaren erabileraren zilegitasunik eza?

INDARKERIAREN BEHARRA ETA EZINBESTEKOTASUNA

Mito horrek esan nahi du sinestea indarkeria beharrezkoa eta ezinbestekoa dela, hau da, haren bidez bakarrik egin zekiokeela aurre Euskal Herriak pairatzen zuen ustezko menderatze eta erresioari, eta autodeterminazio eta independentzia helburu politikoak lortu. Horrela justifikatzen da, indarkeriaren beharra ez ezik, baita haren "bertute morala" —helburu laudagarriak ahalbidetzen dituenez gero— eta eraginkortasun politikoa ere. Sineste hori uste sendo batean oinarritzen da: badela agindu historiko bat herri bat norabide jakin batean zuzentzen duena, bere eginkizuna bete dezan eta bere izaeraren edo patuaren funtsa gauza dezan. ETAk 36ko gudarien —Errepublikaren alde borrokatzen ziren soldadu EAJzaleak— erresistentziaren jarraitzailetzat ikusten zuen bere burua, amaitu gabeko misio historiko baten oinordekotzat.

> Ziklo horrek mende erdi baino gehiago hartu du. Historikoki karlistaldiekin parekatu daiteke edo, atzerago begiratuta, Nafarroaren konkistaren aurkako borrokarekin. Ba al dago haien arteko loturarik? Galdutako subiranotasun tresnak eta erakundeak berreskuratzeko borrokan konprometitutako herri bat, hori da lotura. Galdutako estatuaren defentsan, galdutako foruen defentsan, faxismoaren aurkako borrokan, edo independentziaren aldeko borrokan. Espainiako eta Frantziako estatuek gure identitatearen aurka egindako ukazioaren aurrean erresistentzia antolatzen jakin duen herri baten historia da [...]. Bestalde, bakean bizi nahi izan duen arren, historiako hainbat unetan armak hartu behar izan dituen herria gara, Espainiaren batasunaren izenean inposatu izan zaion zapalkuntza armatuari aurre egiteko (Soto, 2019: 51).

Horregatik, konpromiso hori saihestezina izaki, bidean jartzen ziren oztopoak gainditzeko indarkeriazko baliabideak beharrezkoak zirela uste bazen, haien erabilera justifikatuta zegoen.

Aldiz, ez dago indarkeria erabiltzerá behartzen duen agindu historikorik. Galtungek (2000) dioenez, indarkeria erabiltzea beti da nahita hartutako erabakia, nahita hautatzea "Bestea" baztertzea

edo ezabatzea, oztopotzat hartzen baita norberaren helburuak lortzeko, ETAren kasuan, herri borondateak eta demokraziak ematen ez zituzten etekin politikoak. Koordinakundeak behin eta berriz esaten zuen esparru demokratiko batean edozein gatazka konpontzeko erakundeen barruan edo erakundeetatik kanpo lan egin zitekeela, baina inoiz ez haien aurka. Bestela, historizismo arriskutsu batean eroriko ginateke, alegia, pentsatzea arrazoi edo eskubide natural edo historiko bat dagoela, inolako judizio kritikoren edo ebidentzia historikoen mende jarri behar ez dena (Bakearen Aldeko Koordinakundea, 1994: 14). Hain zuzen ere, totalitarismoaren sustraietan sakontzean, Arendt (1948) ohartu zen edozein kosmoikuspegi ideologikok (nazionalista, sozialista edo erlijiosoa) indarkeriarako potentziala zuela sozializatu eta boterea eskuratu nahi zuenean; izan ere, lege "sakratu" eta funtsezko batzuk ezinbestean gauzatu behar ziren eta, horretarako, lege haien aurka zeuden pertsonak edo taldeak paretik kendu beharra zegoen.

Koordinakundeak argudiatzen zuen ETAren indarkeria ez zela testuinguru historiko baten emaitza, baizik eta euskal errealitatearen analisi politiko jakin batena. Hona hemen analisi horren ezaugarriak (Zubero, 1998: 116-120):

- Ikuspegi ahistoriko eta akritikoa, gizartea plan eta eredu jakin baten arabera birmoldatu nahi zuena. Gizarteak aurre egiten bazion, arazoa gizartean zegoen ("manipulatua", "erosokerian eroria", "saldua", "traidorea"), eta ez ETAn eta bere ingurunean. Kontramanifestazioak, alderdien egoitzen kontrako mehatxuak eta atentatuak, "antieuskaldun" ("espainiar"aren baliokidea) gisa estigmatizatzen zuten guztiaren kontrakoak, ikuspegi horren adibide ziren.
- Herritarren aniztasuna aitortzeko gai ez izatea. Euskal Herrian bizi ziren guztiak ez ziren "benetako euskaldunak"; are gehiago, denak ez ziren pertsona mailara iristen.
- Erantzukizunik eza. Errua beste batzuena zen beti. Beren burua erabat biktima ikusteak biktimagile izaeratik askatzen zituen eta, beraz, edozein erantzukizunetatik salbuesten zituen.

Bakearen Aldeko Koordinakundearen planteamendu horrek erakusten du testuingurua aitzakia bat izan zela indarkeriaren erabilera justifikatzeko, desadostasuna eta disidentzia desagerrarazte aldera.

Gatazkak ezabatu beharreko zerbait negatibotzat hartzeak ere elikatzen du indarkeriaren beharraren mitoa. Gatazka gaixotasun edo endekapen larria dela ulertzen badugu, eta, gainera, "Besteak" eragiten duela eta erauzi egin behar dela uste badugu, indarkeria beharrezkoa ez ezik, gatazka konpontzeko tratamendu eraginkor bakarra ere bada. Aldiz, Koordinakundearen iritziz, gatazka fenomeno naturaltzat hartzen bada, giza izaeraren eta gizarte harreman konplexu eta pluralen berezko ezaugarritzat, elkarrizketa demokratikoa bihurtzen da hura kudeatzeko beharrezko tresna. Horregatik, BAKek zioen hitza zela indarkeriaren benetako etsaia. Uste zuen elkarrizketak lehentasuna izan behar zuela bizitza politikoan, ekonomikoan, sozialean, etab., funtzionamendu demokratikoaren berezko elementua denez gero. BAKen elkarrizketa ereduak, Ajuria Eneko Itunaren (1988) espirituan oinarrituta, azpimarratzen zuen ETA ezin zela gai politikoei buruzko inolako elkarrizketa prozesuren solaskide izan, eta bakeak ez zuela prezio politikorik, baina, era berean, ideia politiko guztiek Legebiltzarrean demokratikoki adierazteko aukera izan behar zutela.

> [...] Ez da bidezkoa ETAri ez dagokion ordezkagarritasuna ematea egin dituen hilketen ondorioz. [...] (Bakearen Aldeko Koordinakundea, 1993: 9).

> [...] ETArekin, armak behin betiko uzteaz eta ETAkideei eragiten dieten gaiez baino ezingo da hitz egin, betiere indarrean dagoen legedia kontuan hartuta. [...] Gizarte honen etorkizun politikoa erabakitzea [...] erakundeei, indar politikoei eta, oro har, gizarteari dagokie [...] (Bakearen aldeko Koordinakundea, 2006: 72).

Euskadiren estatus juridiko-politikoari dagokionez, Koordinakundeak uste zuen sentsibilitate politiko guztien gutxieneko puntu komuna Gernikako Autonomia Estatutua zela, 1979an

erreferendumean onartua hautesle erroldaren % 59ko partaidetzarekin eta aldeko botoen % 90ekin. Erakunde bakezalearentzat, estatutu horren edozein aldaketa egiteko atxikimendu bera edo handiagoa beharko zen, eta legez ezarritako prozedura demokratikoei jarraitu beharko zitzaien.

> [...] Etorkizuna ezin da eraiki mehatxuz, presioz eta hilketaz; elkarrizketaren, konbentzimenduaren eta demokraziaren bidez baizik. Eta izan dezagun gogoan gatazka guztiek ez dutela konponbiderik, baina haiekin bizi behar dugula, gizartearen gehiengoarentzat onena den moduan. [...] (Bakearen Aldeko Koordinakundea, 2012: 45).

BAK elkarrizketaren mugei buruzko jarrera aldatzen joan zen. Ajuria Enearen indarraldian, erakunde bakezaleak defendatu zuen ezin zela ETArekin hitz egin, baina bai HBrekin —garai hartan indar politiko legala zen eta Legebiltzarrean ordezkaritza zuen—. Hala ere, HBri bere legitimitatea indartzeko eskatzen zion, bere aldarrikapen politikoak indarkeriazko jardunbideetatik bereizita. Zenbait gertakariren ondoren: Lizarrako Itunaren porrota (1998), jazarpen indarkeriaren gorakada, ezker abertzalearen hauteskunde markak legez kanpo uztea, eta 2006ko su etenari amaiera eman zion Barajasko atentatua, Koordinakundeak pentsatu zuen, bazterketarik gabeko elkarrizketa oso helburu laudagarria bazen ere, ezker abertzaleak ez zuela ETArekiko autonomia erakutsi eta, hartara, bizitza politikorako gaitasunik gabe utzi zuela bere burua:

> Urteetan zehar ETA justifikatu eta babestu dutenek aukera ezin hobea dute indarkeriatik aldentzeko eta erabat moralgabea den eta milaka pertsonari min izugarria eragin dien borroka modua deslegitimatzeko. Hori ez egiteak, pistolak dituztenen menpe jarraitzeak eta, hortaz, haien estrategia partekatzeak, zuzenean haien konplize bihurtzen ditu. Horrek esan nahi du beren burua baztertzen dutela joko demokratikotik eta bizitza politikotik. Horrela, ez die ekarpenik egingo gure herriaren orainari eta etorkizunari (Bakearen Aldeko Koordinakundea, 2007).

Behin betiko su etena iragarri eta ia hamabost urtera, egiaztatu dugu, BAKek iragarri bezala, indarkeria amaitzea indarkeria praktikatzen zutenen borondatearen mende zegoela soilik. Borondate hori gertatu denean, estrategiagatik baino ez bada ere eta ez konbentzimendu etikoagatik, gatazka politikoa birbideratu egin da eta demokrazia murrizten ez duten bideetatik kudeatzen ari da (Gómez Moral, 2012: 55).

INDARKERIA ERANTZUN HUTSA DA

Mito horren arabera, Euskadin azken berrogeita hamar urteetan izan den indarkeriazko gatazka "euskal herria"ren eta Espainiako eta Frantziako estatuen arteko mendetako "gerra"ren atal bat gehiago da. Euskal Herria entitate homogeneo eta uniformetzat hartzen da, eta Espainiako eta Frantziako estatuak euskal lurraldea bidegabeki okupatzen duten eta bertako herritarrak zapaltzen dituzten kanpoko eragiletzat hartzen dira. Mito hori zabaltzeko eta sozializatzeko, ezker abertzaleak paralelismoak erabili zituen maiz: Euskadi Asterixen eta Obelixen herrixka menderaezina bezalakoa zen; Espainia eta haren segurtasun indarrak, berriz, galiarrak azpiratu eta haien independentzia ezereztu nahi zuten erromatar legioak bezalakoak ziren. Hala islatzen ETAren abangoardia gaztearen komikietan:

> *They are a idealist persons*, gure *money* ez interesatu, *They pretend the nacionalization!* Eta subertsiboak damutzera behartzen baditugu? Euskaldunak ez dira ezertaz damutzen, euskaldunak dira eta kito. Erabil dezagun armadaren indarra [...] Ja! 2000 urteko inbasioan, inbaditzaileak desagertu [...] Nire semeak irakurtzen dituen Asterixen tebeoetan bezalaxe [...] Hauxe da gure alternatiba: JO TA KE IRABAZI ARTE! (Jarrai, 1985: 1-7).

Era berean, bidegabeko paralelismoak egin ziren Euskal Herriaren, Irlandaren eta Palestinaren artean, eta are gehiago Trantsizioan eta demokraziaren lehen urteetan, eta batez ere ezker

abertzalearen aldeko eliz sektorearen aldetik, Euskal Herriaren eta Israelgo herriaren artean. Euskal Herria sektore pobreekin identifikatzeak herri biktimizatu, nazionalki eta sozialki zapaldu eta hautatu baten ezaugarriak ematen zizkion. Ideia horiek bat datoz Bibliako Irteera liburuko askapenaren mezuarekin, eta Euskadi herrialde kolonizatu gisa, emantzipazio iraultzailea lortzeko etenik gabe borrokan diharduen herri gisa ikustearekin.

> Ez dezagun ahaztu Israelgo herriaren irteeraren esperientzia: Jainkoak bere herria Egiptotik atera eta askatu egin zuen. Gure fedeak eta Elizak bere gain hartu behar du Euskadiren askapen nazionala ere, dimentsio guztietan (Cuadernos de Teología Popular, 1977: 50-64).

Horrelako irudikapenekin herri zapaldu eta biktimizatu baten irudia finkatu nahi zen, eta hala egonik, herri horrek uztarritik askatzearen indarkeriara jotzeko eskubidea eta/edo betebehar morala zuela. Horrela, indarkeriaren erabilera Espainiako eta Frantziako estatuen jatorrizko eta egiturazko indarkeriari emandako bidezko erantzun soil gisa aurkezten zen. Azken elkarrizketetako batean, ETAk honako hau adierazi zuen:

> Argi eta garbi esan behar dugu ez genuela guk ekarri indarkeria herri honetara. Ez ginen gerrara joan, gerra ekarri egin ziguten. Erakundeak pertsona baten aurkako lehen ekintza egitea erabaki zuenerako, Meliton Manzanas torturatzaile faxistaren aurkakoa, ordurako Estatuak gogor jo zuen euskal erresistentzia, eta baziren torturen bidez, odol hotzean metrailatuta edo enfrentamendu armatuetan hildakoak. Ez dugu ahaztu behar, gainera, erakundeak armekin erantzutea erabaki zuenerako gure herriak urteak zeramatzala etengabeko indarkeriaren menpe. Gernikako sugarretatik sortu ginen, Gernikako seme-alabak gara (Soto, 2019: 93-94).

Mito hori euskal gizarteko sektore esanguratsuetan errotu zen, batez ere Trantsizioaren lehen urteetan, diktaduraren azken salbuespen egoerek —Euskadin bereziki gogorrak— okupazioaren

tesia bermatzen zutela zirudienean. Sabino Aranak, euskal nazionalismoaren sortzaileak, tesi hori defendatu zuen bere lehen idazkietan. Hala ere, XX. mendeko 60ko eta 70eko hamarkadetan, ETAk, batez ere, inperio kolonialetatik independizatzeko borrokatu ziren hirugarren munduko herrialdeetako askapen nazionaleko ideologia ezkertiarretatik hartu zuen tesia. Ondoren, gerra zikinak (1975-1981 eta 1982-1987) —Espainiako Estatuak ETAren kontra legez kanpo egindako borroka— erakundearen eta haren ingurunearen biktimismoa eta erantzuneko indarkeriaren ustezko zilegitasuna elikatu zituen (Castells eta Sáez de la Fuente, 2025).

Erantzuneko indarkeriaren mitoa zalantzan jartzeko, Bakearen Aldeko Koordinakundeak politika eta indarkeria edo gatazka identitario-politikoa eta indarkeriazko gatazka bereizi zituen. Gatazkak berezkoak dira pertsonen eta gizarteen bizitzan. Kontua da nola kudeatzen diren. Euskadin bi gatazka mota zeuden, gatazka politiko-identitarioa eta indarkeriazko gatazka, baina bien arteko harremana ez zen beharrezkoa. Gatazka politiko-identitarioa euskal gizartearen ordezkari legitimoek landu behar zuten, bitarteko politiko demokratikoak erabiliz. Indarkeriaren aldeko aukera hori baino ez zen, aukera bat, beste aukera batzuen arteko aukera bat, kosmobisio totalitario baten babespekoa, indarkeriaren iraunkortasuna justifikatu edo, gutxienez, azaldu nahi zuena, indarkeriaren erabileraren erantzukizuna beste batzuei leporatuz. BAKek zioenez: "Inoiz ez da izan beste indarkeriak justifikaturiko indarkeriarik: ETAren indarkeriak ez zuen justifikatu Estatuaren bidegabeko indarkeria, eta indarkeria horrek ez zuen justifikaziorik ETAren existentzian" (Bakearen Aldeko Koordinakundea, 2011: 66).

90eko hamarkadaren erdialdean, ETAk bere jomugak zabaltzea erabaki zuenean, eta Estatuko Segurtasun Indar eta Kidegoetako kideak ez ezik, abertzaleak ez ziren politikariak, profesional liberalak, irakasleak, kazetariak, magistratuak eta abar ere hiltzen hasi zenean, hau da, bere proiektu politikoaren eta hura defendatzeko indarkeria erabiltzearen aurkako iritziak agertzen zituzten guztiak hiltzeari ekin zionean, indarkeria ziklo berri bat hasi zen. Erakundeak Trantsizioko urteetako jarduera armatuari ekin

zion berriro, Zentro Demokratikoko Batasuneko eta Aliantza Popularreko (AP) kideak hil zituen garaiko jarduerari, alegia. Espainiako eskuina, zeina Euskal Herrian ia desagertzeraino iritsi zen, ordura arte ezkutuan zegoen gizartearen zati baten erakusgarri ziren hauteskunde emaitzak lortzen hasi zen. Mende amaierako izuaren sozializazioak garbiketa ideologiko itzela ekarri zuen, alderdi ez-abertzaleetako boto emaileak ere beldurtu nahi zituena. Koordinakundeak *jazarpen indarkeria* terminoa sortu zuenean indarkeria mota berri hori definitzeko, beste argudio batekin frogatu zuen erantzuneko indarkeriaren mitoa faltsua zela. Izan ere, jazarpen indarkeriak euskal gizartearen aniztasuna desagerrarazi nahi zuen, eta existitzen zenaz erabat bestelako errealitate ideologikoa, politikoa eta soziologikoa diseinatu eta sortu. Inola ere ezingo litzateke esan ustezko "eraso" bati erantzutea besterik ez zela.

ARIKETA 5

BAKek bere manifestazioen isiltasunaren indar sinbolikoagatik eta bere pankartetako leloen adierazgarritasunagatik nabarmendu zen. Sormen handiz, lelo horiek hitz gutxitan biltzen zuten BAKen ideien gako nagusien funtsa. Hona hemen lelo edo esloganetako batzuk:

- "Hemen ez dago inor soberan".
- "Mehatxua zuri, erasoa guri".
- "Hitz egiten dut; beraz, banaiz".
- "Demokraziak hiltzen badu, demokrazia hil egiten da".
- "Zein herri eraiki nahi dugu, hilketaren aurka elkarrekin ez bagoaz?".
- "Ez dago bakerako biderik, bakea da bidea" (Gandhiri hartua).

Lelo horiek gogoan izanda, saiatu galdera hauei erantzuten:

- Eslogan horietatik abiatuta norbaiti BAK zer zen azaldu beharko bazenio, nola azalduko zenioke? Idatzi paragrafo labur bat erakunde bakezaleak lelo bakoitzarekin zer esan nahi zuen azaltzeko.
- Ados zaude planteamenduekin? Zergatik?
- Uste duzu haietako batzuk esanguratsuak direla gaur egun ere? Zergatik?

BIBLIOGRAFIA

ARENDT, Hannah (1948): *The origins of totalitarianism*, Orlando (Florida), Harcourt Brace & Company.

ARTETA, Aurelio (2012): *Tantos tontos tópicos*, Bartzelona, Ariel.

ASPURU, Itziar (2005): "Los discutible y lo intolerable", *Bake Hitzak*, 42, 42-47.

— (2010): "Construcción de la convivencia tras el fin de la violencia", *Bake Hitzak*, 79, 59-63.

BAKE HITZAK (2002): "Dimisión de concejales en la CAV y Navarra", *Bake Hitzak*, 46, pp. 16-18.

BAKEAREN ALDEKO KOORDINAKUNDEA (1993): "Los movimientos sociales por la Paz en Euskal Herria: Coordinadora Gesto por la Paz de Euskal Herria", *Bake Hitzak*, 3, 9-10.

— (1994): "Conversaciones", *Bake Hitzak*, 8, 7-19.

— (1995a): "El reto de construir una sociedad reconciliada", *Bake Hitzak*, 14, 10-11.

— (1995b): "El trabajo por la paz en Euskal Herria. Situación actual y propuestas de futuro".

— (2000a): "Ley de Solidaridad con Víctimas del terrorismo", *Bake Hitzak*, 39, 44-46.

— (2000b): "Retoños de futuro", *Bake Hitzak*, 39, 50-51.

— (2000c): "La Coordinadora Gesto por la Paz de Euskal Herria ante la violencia de persecución".

— (2002): "La labor del pacifismo vasco: ética y política", *Bake Hitzak*, 46, 48-49.

— (2003a): "Acto contra la violencia de persecución", *Bake Hitzak*, 57, 58.

— (2003b): "Mehatxupean/Perseguidos".

— (2006): "Análisis de la situación actual: aportaciones", *Bake Hitzak*, 62, 71-72.

— (2007): "Necesitamos otro lema", *Bake Hitzak*, 64, 48.

— (2011): "Las víctimas de actuaciones indebidas del Estado en la lucha antiterrorista".

— (2012): "Convocatoria de la manifestación Lortu dugu. El futuro es nuestro", *Bake Hitzak*, 84, 44-46.

BAKEAREN ALDEKO KOORDINAKUNDEA eta ELKARRI (2004): "Manifiesto conjunto sobre la violencia de persecución".

BUTLER, Judith (2020): *La fuerza de la no violencia. La ética en lo político*, Buenos Aires, Paidós.

BILBENY, Norbert (2006): *El idiota moral*, Bartzelona, Anagrama.

CALLEJA, José María (1997): *Contra la barbarie. Un alegato en favor de las víctimas de ETA*, Madril, Temas de Hoy.

CASTELLS, Luis eta SÁEZ DE LA FUENTE, Izaskun (2025): *Guerra sucia y abusos de poder: la quiebra de los imperativos morales*, Madril, Los Libros de la Catarata-Deusto.

CUADERNOS DE TEOLOGÍA POPULAR, *Boletín de Comunidades Cristianas y Cuadernos de Teología Popular*, 1976-1978.

CUESTA, Cristina (2017): "Fuimos ingenuos, osados y perseverantes", *El asterisco*, en https://n9.cl/w35n7.

EL PAÍS (2000): "Los violentos destrozan a hachazos el 'Bosque pintado' de Ibarrola", *El País*, maiatzaren 20an, en https://n9.cl/k3rc4.

EUSKOBAROMETROA, Serie kronologikoak, 1981-2010.

FUNES RIVAS, María Jesús (1998): *La salida del silencio. Movilizaciones por la paz en Euskadi, 1986-1998*, Madril, Akal.

GALTUNG, Johan (2000): *Conflict transformationby peaceful means: The Transcend method*, New York, United Nations.

GÓMEZ MORAL, Ana Rosa (1995): "Secuestrados", *Bake Hitzak*, 11, 16-17.

— (1997): "Blanco para la paz", *Bake Hitzak*, 26, 4.

— (2002a): "El vientre del filósofo", *Bake Hitzak*, 46, 46-47.

— (2002b): "Contra todas las muertes", *Bake Hitzak*, 48, 86-88.

— (2007): "Hoy, gesto por la paz", *Bake Hitzak*, 64, 58-59.

— (2012): "El futuro es nuestro", *Bake Hitzak*, 84, 54-55.

— (2013): *Un gesto que hizo sonar el silencio*, Bakearen Aldeko Koordinakundea, Euskal Herria.

IGLESIAS, María Antonia (2009): *Memoria de Euskadi. La terapia de la verdad: todos lo cuentan todo*, Madril, Aguilar.

JARRAI (1985): *La poción mágica*, 1-7.

KAS (1979): "Dossier monográfico sobre Argala".

MORENO, Irene (2019): *Gestos frente al miedo*, Madril, Tecnos.

OLABARRI, David S. (2011): "Veinticinco años de gestos por la paz", *El Correo*, azaroaren 2an.

RIVERA, Antonio eta SÁEZ DE LA FUENTE, Izaskun (2024): *La sociedad vasca: ¿pluralidad sin pluralismo?*, Madril, Los Libros de la Catarata-Deusto.

SÁEZ DE LA FUENTE, Izaskun (2004): "El debate político en torno al diálogo en el contexto vasco", in Galo Bilbao, Xabier Etxeberria, Izaskun Sáez de la Fuente eta F. Javier Vitoria, *Conflictos, Violencia y Diálogo. El caso vasco*, Bilbo, Deustuko Unibertsitatea, 139-200.

— (2011): *Informe sociológico sobre testimonio de las víctimas*, Bilbo, Bakeaz.

— (2013): "El drama de la violencia de persecución en el País Vasco", in Galo Bilbao, F. Javier Merino eta Izaskun Sáez de la Fuente, *Gesto por la Paz. Una historia de coraje cívico y coherencia ética*, Bilbo, Deustuko Unibertsitatea, 139-200.

SOTO, Iñaki (2019): *La última entrevista con la dirección de ETA*, Tafalla, Txalaparta.

UNZETA, Koldo (2001): "Cambio de actitudes", *Bake Hitzak*, 42, 43-45.

URKIOLA, Mikel (1999): "Gesto, ¿por qué paz?", *Bake Hitzak*, 35, 34-35.

— (2003): "Liberar la política de la imposición terrorista para transformar de forma no violenta el conflicto vasco", *Bake Hitzak*, 51, 69-76.

URRUTIA, Ignacio (1997): "Fines lícitos, medios perversos", *Bake Hitzak*, 26, 32-33.

ZUBERO, Imanol (1998): "Política y violencia en Euskal Herria", in Aurelio Arteta, Demetrio Velasco eta Imanol Zubero, *Razones contra la violencia. Por una convivencia democrática en el País Vasco*, II. libk. Bilbo, Bakeaz, 115-155.

— (2002): "Transformaciones en la movilización social en Euskadi. De los movimientos por la paz a los movimientos por la libertad", *Bake Hitzak*, 45, 33-49.